グーテンベルク聖書(40 行初刷本文)，15 世紀，慶應義塾図書館蔵

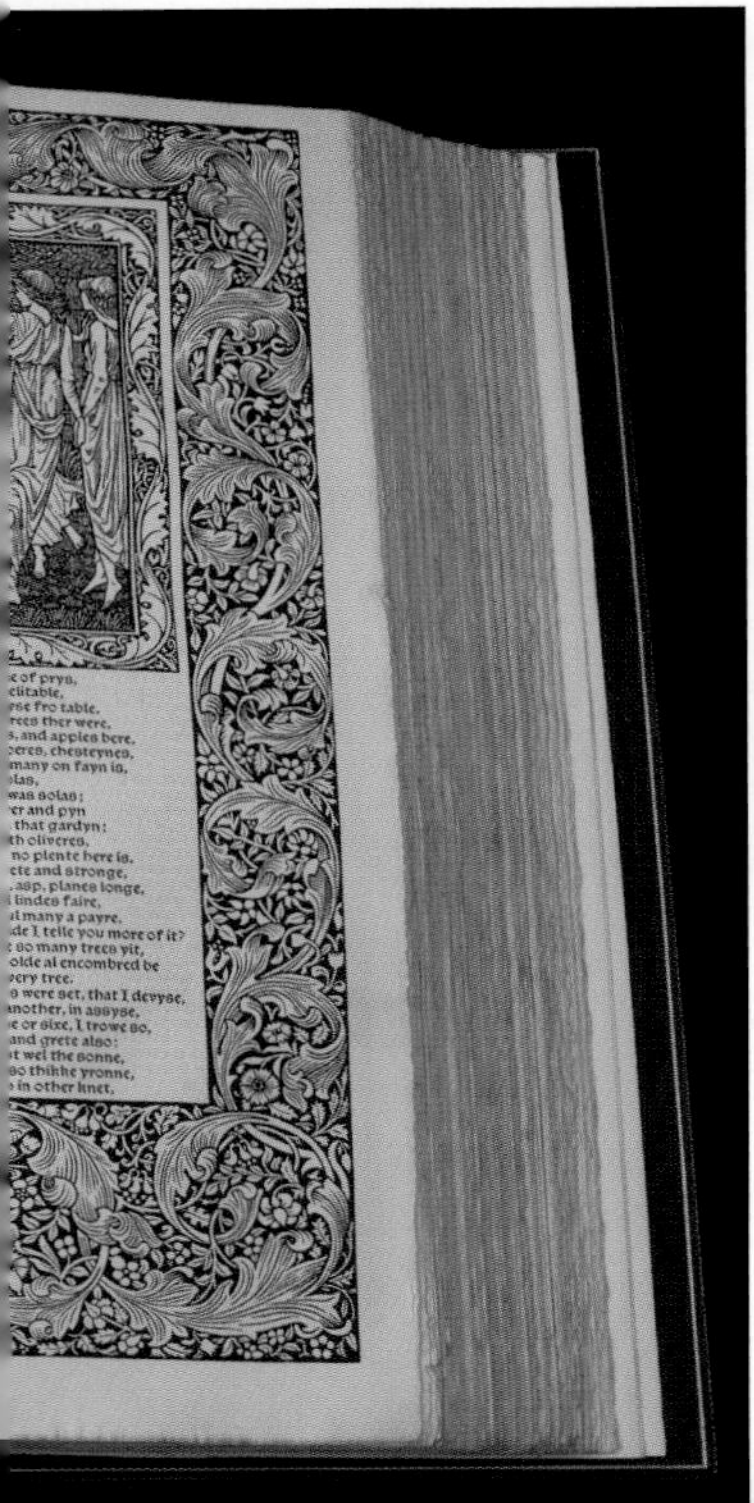

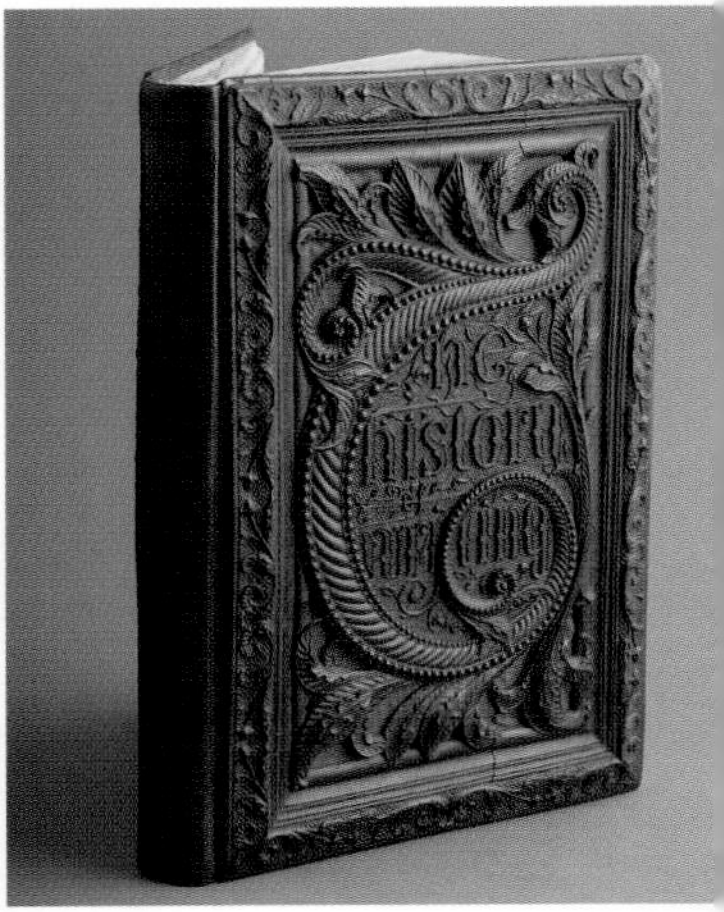

右上：スパニッシュ・フォージャーによる，あたかも中世の作品であるかのように描かれたミニアチュール
右下：*The Preacher*（レリーヴォ製本，1849 年）
左上：ヨニによるタヴォレッタ．これも 15 世紀に作られたような制作年が残るが，19 世紀の作
左下：『薔薇物語』（ウィリアム・モリスが出版した『チョーサー著作集』より，1896 年）

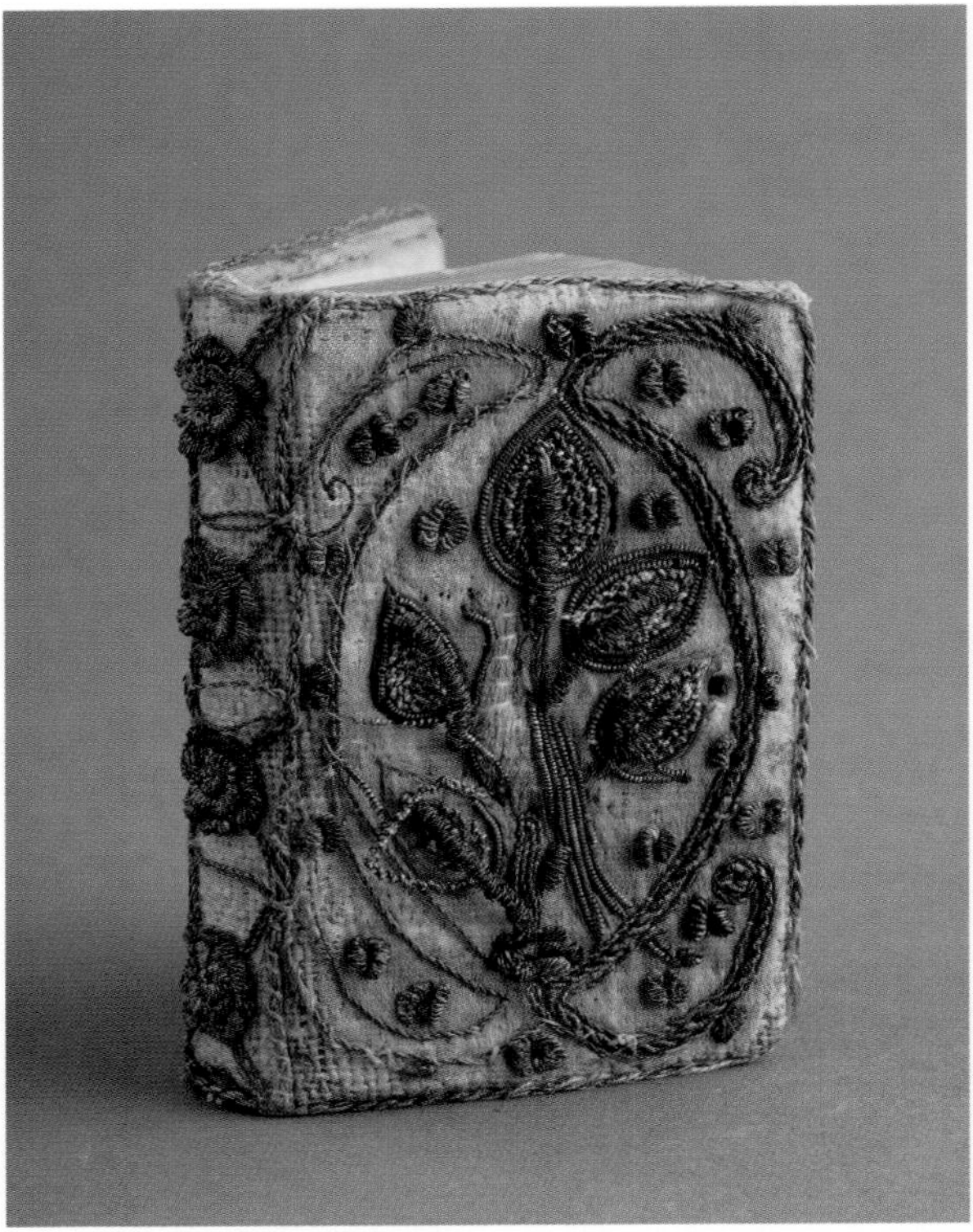

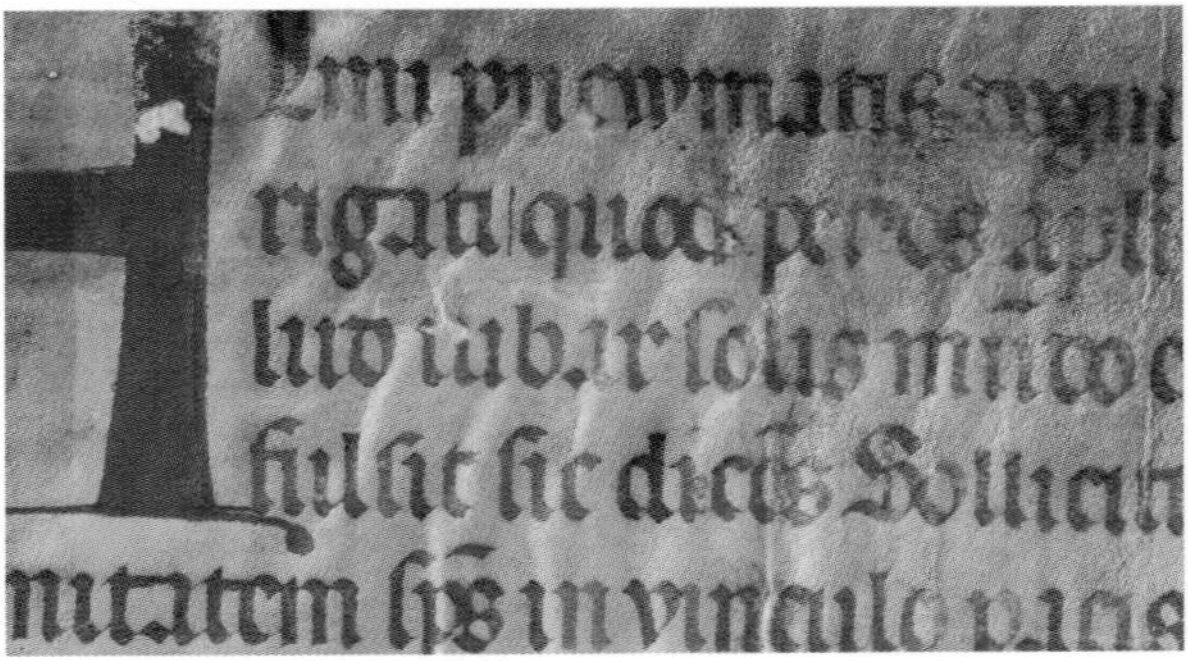
rum provinciis regni
rigatur quod per eos apli
lud iubar solis mundo
fulsit sic dicens Sollicit
nitatem sps in vinculo pacis

上：「詩篇」の豆本(刺繡製本，83 ミリ×52 ミリ，1630 年)
下：羊皮紙写本(部分，15 世紀)

Eurus
Notus
Zephyrus
Boreas

西洋書物史への扉

高宮利行
Toshiyuki Takamiya

岩波新書
1963

はじめに

マンハッタンの中心にあって摩天楼に囲まれたピアポント・モーガン図書館は、著名な銀行家であったジョン・ピアポント・モーガン(一八三七—一九一三)が設立したものである。世界中の研究者や見学者が美術品や書物を求めて訪れるが、図書館もこの規模になると、写本を扱う部門と印刷本を扱う部門に分かれることになる。その印刷本部長として長く活躍したカート・F・ビューラー(一九〇五—八五)は、本の歴史の常識をひっくり返すような発見をした。

人と本の歴史には「写本から印刷本へ」という大きな流れがある。つまり、鵞《が》ペンとインクを使って書き写すことによって本が作られていた時代を経て、活版活字の文化が誕生し、印刷本が登場した。しかしビューラーは、ヨーロッパのあちこちで、一五世紀後半から一六世紀にかけて「印刷本から写本へ」という真逆の現象も見られたことを証明したのである。

真っ先に示したのは、ビューラー自身が所蔵するラテン語の『懺悔論』の手書き写本だった。当時、写本には日付を書き入れる習慣はなかった。しかしこの『懺悔論』には、アントウェルペンのヘラルト・レーウが印刷した一四八六年一月八日という日付が書き写されていた。

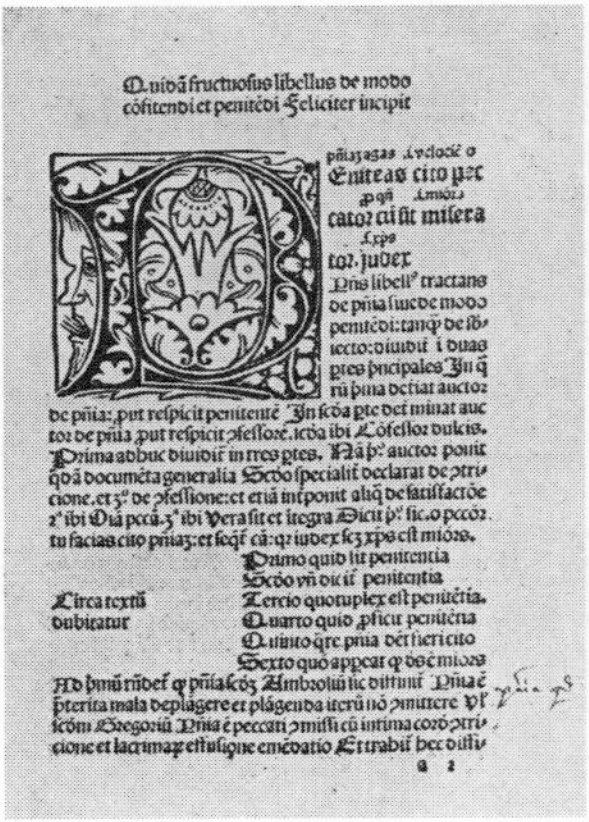 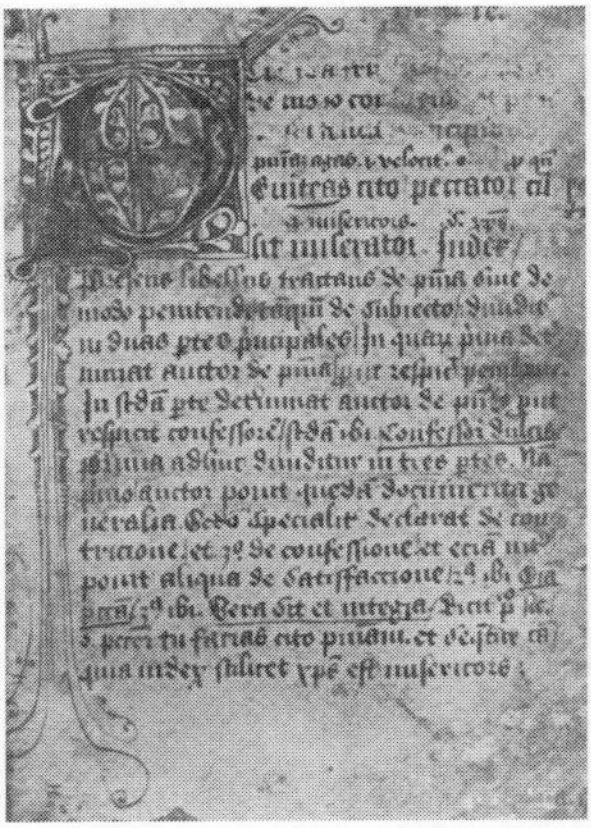

『懺悔論』の印刷本(左)と手書き写本(右). Curt F. Bühler, 'An Unusual Fifteenth-Century Manuscript', *La Bibliofilía*, Vol. 42, No. 1/3, 1940, pp. 65–71

つまり、ビューラー所蔵の写本は、一五世紀のインキュナビュラ(揺籃期本、初期の印刷本のことをいう。この語はもともとは「おむつ」あるいは「ゆりかご」を意味した)をまるごと転写したものだったのだろう。ビューラーは、「印刷本から転写された写本」が多数現存することを発見し、書物の歴史がかならずしも一方向、直線的に進んでいくものではないと考えた。

さて、ランベス離宮はロンドンにおけるカンタベリー大主教の公邸として、テムズ川南岸に位置するが、その豪壮な図書館にはグーテンベルク聖書が収蔵・展示されている。これは、グーテンベルク(生年不明、一四六八没)が発明した活版印刷術によって、ドイツのマインツで印刷されたものである。聖書は製本されることなくシートのままイングランドに水上輸送され、ロンドンで、一五世紀半ばの写本装飾様式に則って美しく彩飾、製本されたという。そのためであろうか、一八一二年に図書館の目録が作られた際には、この印刷本

マインツで印刷され，ロンドンで装飾されたグーテンベルク聖書．ランベス離宮蔵．Christopher de Hamel, *A History of Illuminated Manuscripts*, 2nd ed., 1994, p. 230

「mimi numinum niuium minimi munium nimium uini muniminum imminui uiui minimum uolunt」をゴシック体のミニムで書き下ろしたもの.「雪の神々というとても小さな笑劇役者たちでさえ，彼らが生きている間，ワインを守るという過剰な義務が減らされるのを潔しとしていない」という意味

はあやまって「写本一五番」という架蔵番号が与えられ、そのまま今日に至る。

これはしかし、当時の印刷業者の思惑どおりだったと言ってもよい。実際、一四五四―五五年に、印刷本の嚆矢として登場するこの四二行聖書は、グーテンベルクの協力者ヨハン・フスト(一四〇〇頃―六六)によって「写本」としてフランスの修道院に売り込まれた例まである。当時の印刷本は、あたかも人が書き写したかのような、写本と見紛うばかりの見た目が求められた。二〇世紀前半に活躍した書誌学者E・ゴードン・ダフは、初期の印刷業者たちが印刷術を、「機械的な手段で書く技術」「人工的に書く技術」だと呼んでいたと記す。グーテンベルクが革新的な技術を使用する一方で、完成した聖書の見栄えが写本と変わらないようにどれだけ腐心していたのか、そのことがよく分かるエピソードであろう。

グーテンベルクが聖書本文を組む際に用いた活字は、現代のアルファベットとは異なり、大文字二六文字、小文字二六文字だけではなかった。中世の写字生が手書きした文字には、何文字も連なっているものや省略を示すものも多くあったが、初期印刷業者は夥しい数の連字や省略記号などすべてを、鉛合金の活字に鋳造したのである。この時代の学問を支えた修道院や大学の関係者は、これらを難解だと感じることはなかった。むしろ反対に、省略記号に助けられて、無骨な（だからこそ人文主義者たちが嫌悪した）ゴシック体で書かれた文章を読んだのである。右ページの例にあるようなミニム（minim）と呼ばれる、短い縦線（・iには上の点がなかった！）の連続も、彼らは前後の脈絡で難なく解読したことであろう。

グーテンベルク聖書は一八〇部ほど印刷されたが、現存するのは四八部である。本来同一の活版印刷によって世に出たにもかかわらず、本文には多くの異同が見られる。これはイギリス最初の印刷業者、ウィリアム・キャクストン（一四一五／二二頃―九一）による印刷物などにも共通して起こった現象だった。書物史・書誌学という学問が必要になる所以の一つである。

まずは初期の印刷本、そしてグーテンベルクの聖書からお話ししたが、本書の目的はヨーロッパの書物の歴史に関して、多くの事例から時代の特徴を捉え、点と点を結んで線にすることである。文字メディアがいかに誕生したか、何を書写材料として発展してきたか、パピルスの巻子本《かんす》はなぜ羊皮紙の冊子本に駆逐されたのか、中世の写本生産の担い手だった修道院の写本室の様子、印刷術の発明がもたらした書物文化の普及とそれとは逆の狭隘化《ボトルネック》現象、音読から黙読へと変化する読書のあり方、溢れかえる印刷本と格闘するルネサンスの文化人、一九世紀の中世趣味による振り返り現象、書物コレクターの出現と偽書など、書物の生産・流通・鑑賞の歴史が織りなす綾をお楽しみいただければと念じている。

目次

目次図版

写真　大河内 禎
口絵　2-4 ページ
はじめに　iii ページ
本文　6, 43, 108 下, 111, 118, 125, 133, 134, 157, 158, 162, 168, 192 ページ

文字メディア、いにしえの形態

二〇〇〇年近く前の文書板

クラウディア・セヴェーラから妹のレピディーナへ。
九月一一日はわたしの誕生日だから、ぜひわたしたちのところに来てね。一緒にいられればずっと楽しいから。お宅のケリアーリスさんによろしくね。うちのアエリウスとおちびさんも、ご主人によろしくといっています。ごきげんよう、わたしの大事な妹よ。

この手紙が、姉から妹に宛てた誕生パーティへの招待状であることは一読してわかるだろう。仲むつまじい姉妹の様子を窺わせ、現在でも普通に見られる手紙である。しかし驚くべきことに、これは今から二〇〇〇年近く昔、イングランド北部に位置した、ローマ軍の駐屯地ヴィンドランダの地で書かれた手紙である。その手紙は、木板に、ペンとインクを使って、ラテン語で書かれていたという。

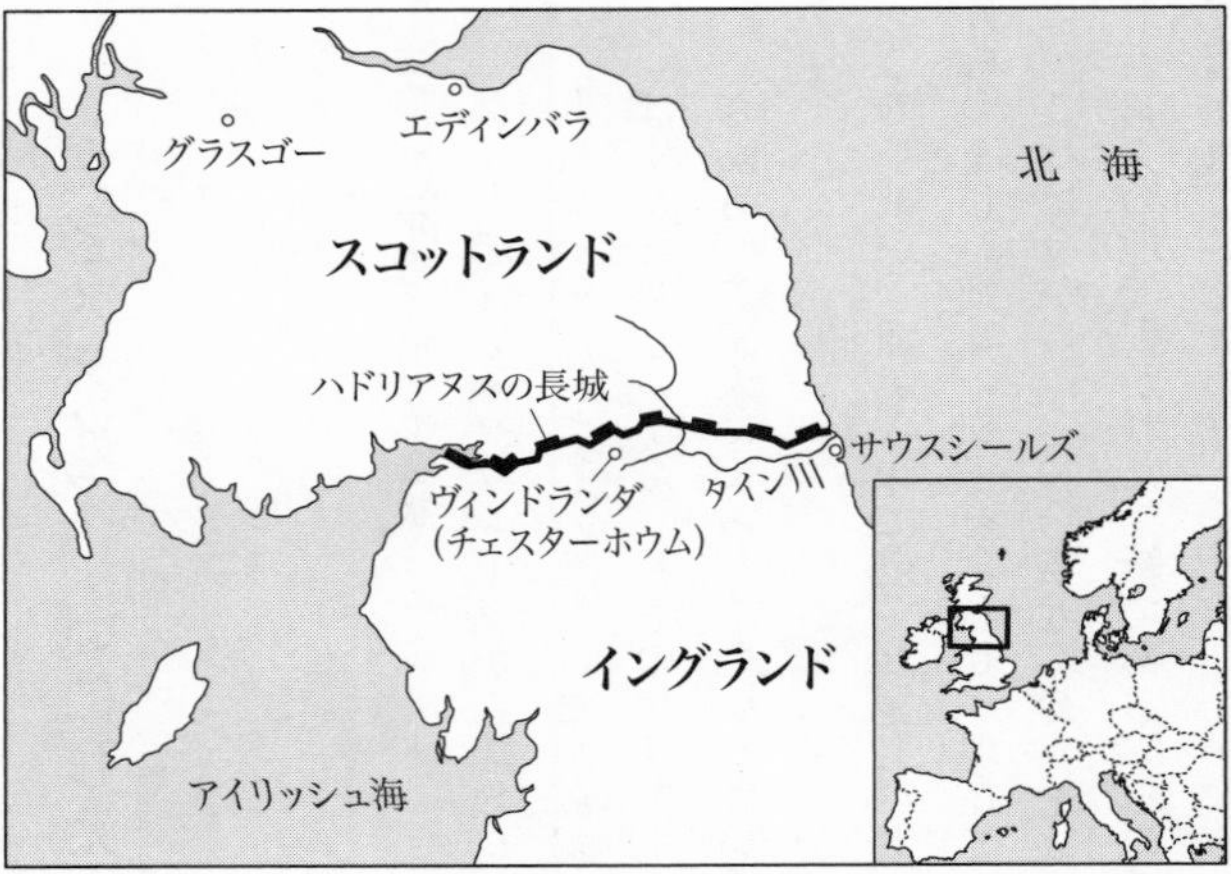

イングランドとスコットランド国境地帯に位置するヴィンドランダ

当時、ローマ帝国はその領土を拡大しつつあったが、一方で彼らの支配に従わないブリテン北部の民族から属州を守るために、長大な壁を作り上げた。ヴィンドランダは長城の南側を東西に走る道に築かれた要塞であり、帝国最北端の領土であった。

一九七三年三月のこと、二〇〇〇年近く前の文書板が続々と発見され、ヴィンドランダの名は世界的に知られるものとなった。最初に発見された文書板には、「あなたにサッテュアから靴下、二足のサンダル、それに二着の下履き、二足のサンダル……を送りました」と書かれていた。これは物資の供給を求める駐屯部隊に応じる手紙だったのだろう。この地から発掘される二〇〇〇年近く前の文書板の多くは軍事的な性格を帯びていて、人々はまず何よりも作戦や実務的な連絡を伝えるために、文書板を使用していたらしい。

ローマ軍兵士の日常生活

大英博物館を訪れるたびに展示の様子が変わるコーナーがある。古代ブリテンを紹介するコーナーである。ここには、ブリテンにケルト人が居住した青銅器時代から鉄器時代、紀元前五五年のカエサル侵攻にはじまるローマ帝国時代、五世紀以降のアングロ・サクソン時代、一〇六六年のノルマン征服以降の時代など、多くの出土品が展示されている。

あるとき、わたしがここを訪れた狙いは、展示面積を拡大して改装オープンしたばかりのコーナーで、ケルト時代のブリテンとローマ占領時代のブリテンについて知見を新たにすることだった。四時間を費やして展示品をつぶさに見学したが、期待は裏切られなかった。その中でもわたしが最も関心を抱いたのが、一九七三年以来イングランド北部のローマ軍ヴィンドランダ砦で次々に発見された、おびただしい数の木片だった。

このローマ帝国最北の前線は現在ではチェスターホウムと呼ばれるが、ハドリアヌス帝によって長城が築かれる二〇年ほど前、すなわち一世紀末から二世紀初頭にかけてローマ軍が駐屯していた。その後もマルクス・アウレリウス帝の下、ヴィンドランダは要塞の役割を果たし、四世紀末までローマ軍はこの地に駐屯した。また四〇〇年頃の原始キリスト教会と思われる遺跡も発見された。上級将校やその家族だけでなく、一般の兵士たちが書いた書簡や記録も残されており、ローマ軍兵士の識字率の高さがうかがえる。木片は空気に触れれば腐って消滅してしまうが、このように極寒の土地では湿度が高く、なおかつ空気に触れない環境にあったために、保存されたものと考えられる。最新の技術に助けられて解読は進められ、この地方に移り住んだローマ軍兵士の「現実的な」日常生活の実像に迫る展示がなされていた。

木板、葦ペン、インク

古代ローマ時代に何かを書こうとすれば、エジプトからもたらされるパピルスに葦ペンか、蠟をひいた板(蠟板)に尖筆(スタイラス)が日常的だった。パピルスは、地中海経由で遠隔の地ブリテンまで運んで使用するのはとても経済的とはいえないし、羊皮紙は、公の記録などその用途は限られていたという。だから蠟板が重宝されたのであろう。

　蠟板とは、菩提樹などの板の中央部分をくり抜いて木枠を作り、熱した蜜蠟を流し込んで固め表面を平滑にしたもので、そこ

ほぼ2000年前にヴィンドランダで書かれた木板.
クラウディア・セヴェーラから妹・レピディーナに宛てた手紙.
大英博物館蔵. © The Trustees of the British Museum

に尖筆で文字を刻む。尖筆は、尖端の逆側が平らになっているものもあり、刻んだ文字を消したり訂正したりするのに用いられた。ヴィンドランダでは、蠟板が一〇〇例ほど発見されているが、中には再利用したものもあるという。底まで達してしまえば、また熱した蜜蠟を流し込めばよい。かくして蠟板は何度でも使用できた。ものを作るのに手間がかかった時代だから、リサイクルの精神はさぞ行き届いていたことだろう。その材質からみても、蠟板はローマ帝国から製品としてもたらされたらしい。

しかしヴィンドランダの発見で注目されたのはこの蠟板ではなく、木板に残された文書であった。わたしが興味をもったのも、これらの書簡が木板に葦ペンとインクとい

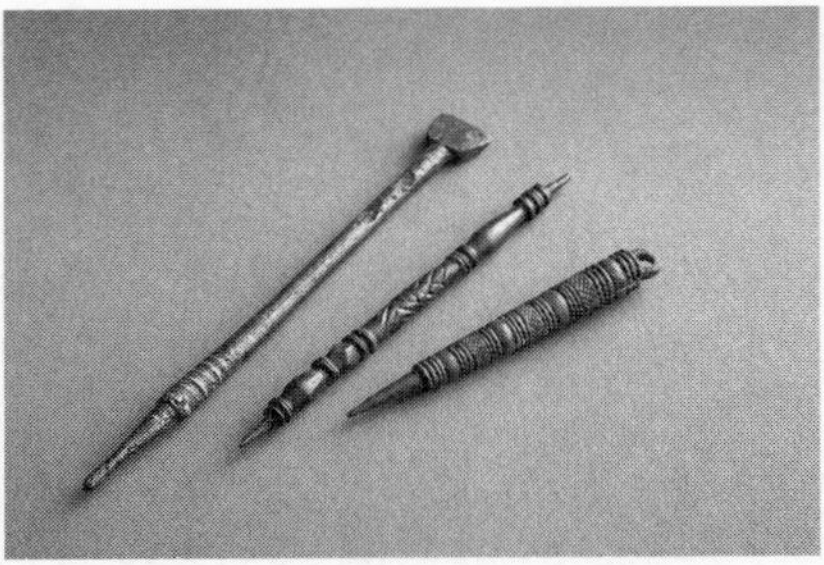

イギリスで出土したローマ人たちのスタイラス．青銅製で銀の象嵌が施されている．右の例では，首からぶら下げる工夫が施されている

う組み合わせで書かれた事実であった。これはローマ帝国内でも珍しい例だという。もっとも、ロンドンでは、二世紀頃の青銅製のペンが出土しているから、葦ペンではなく金属製のペンだったかもしれない。

ヴィンドランダではその後二〇〇〇点を上回る木板が発掘された。文書板の厚さは一ミリから三ミリ、蠟板とも形態が異なり、樹皮ではなく、木板の表面を何らかの方法で削って滑らかにしたものを使用している。これらは現存する筆写用木板としては最古のものである。材料には、樺《かば》、ハンノキ、樫《オーク》といったその地方でとれる材木が用いられた。「リーフ・タブレット」と呼ばれるヴィンドランダの文書板は、はがき大のサイズである。これにインクで文章を書いた後、書かれた文字を保護するために、内側に折り曲げ、革紐、青銅、鉄線のリングを用いて蛇腹《じゃばら》のように縦につないだ。折り畳んでいる点からすると、冊子本の原型の一つとも呼べるかもしれない。インクが生乾きのうちに折り曲げたためだろう、対面に本文の一部が写ってしまったケースもみられる。内側を守るために、合わせて一対として保存する蠟板のやり方に近い。

インクは、木の枝を燃やして得られる炭素の粉に、アラビア・ゴムと水を加えて調合するもので、これは中世の写字生が用いたインクの作り方と大差ない。

『アエネーイス』からの引用

文書板に書かれた本文はすべてラテン語で、その書体はローマの古い書体、オールド・カーシヴである。これは主にメモ、書簡や下書き用に使われる書体であった。その中には、太い縦線と細い横線をカリグラフィーのようにうまく操った例もある。この場合には、幅広のペン先をもつことから、葦ペンが使われたと判断できる。しかし、石碑に残る立派な楷書体大文字や、ウェルギリウス(前七〇—前一九)の英雄叙事詩『アエネーイス』を四—五世紀に羊皮紙写本に書くときに用いたラスティック体大文字(次ページ図)とは異なる。

ところが、このヴィンドランダの文書板コレクションに、一例だけ、しかもわずか一行ではあるが、『アエネーイス』からの引用があり、この一行の転写だけには、いささか崩れてはいるものの、ラスティック体大文字が用いられている。もし書き方の練習用にでも選ぶのなら、暗記しているはずのもっと有名な詩行をと思われるのだが、ここでは第九歌、四七三行が選ばれている。

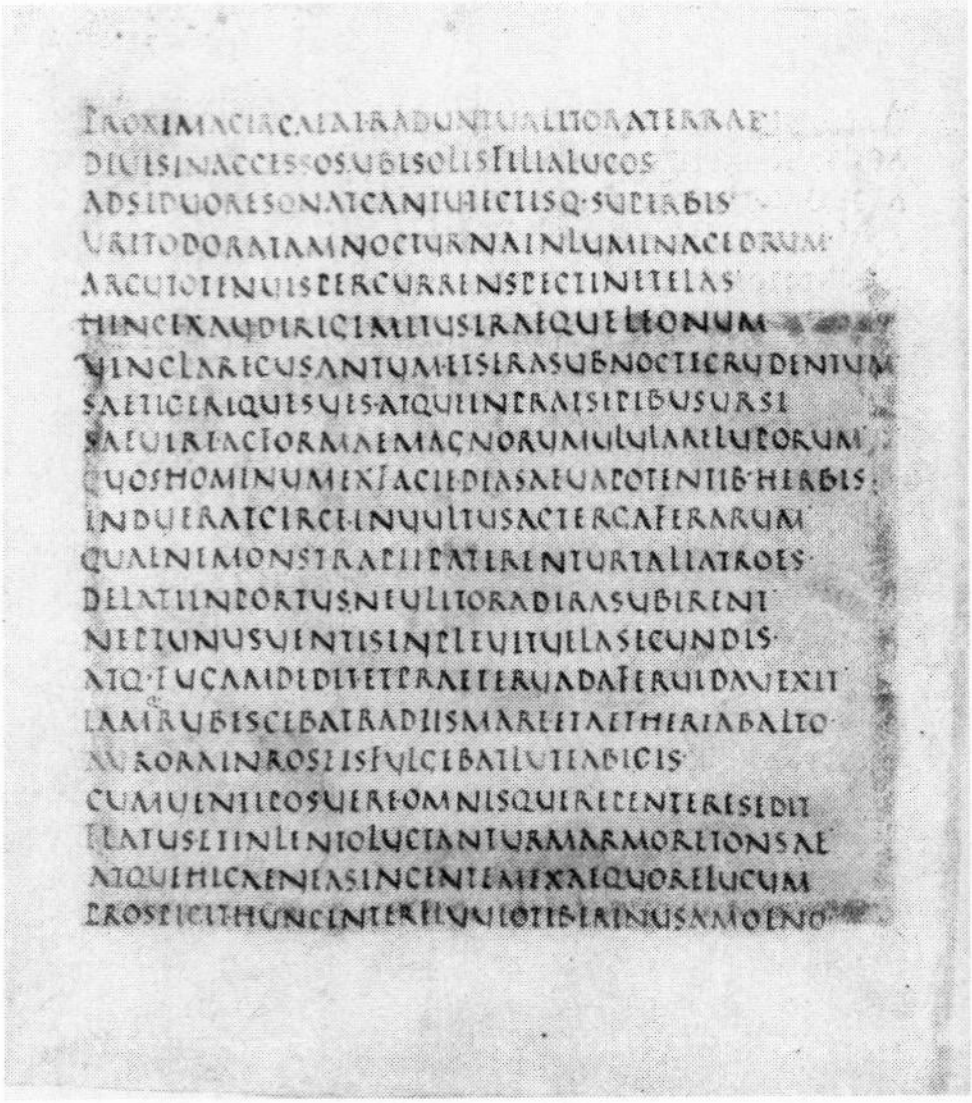

ウェルギリウスの作品集より，ラスティック体大文字の例．4世紀．スタン・ナイト『西洋書体の歴史』より

そのあいだにも、恐れに震える都中を飛び回って、翼ある「噂」が早駆けの知らせを母親の耳へ届ける。

（岡道男、高橋宏幸訳、京都大学学術出版会、二〇〇一、四二一―四二二ページ）

ヴィンドランダには『アエネーイス』の写本があったのだろうか。たしかに、ここで発見された他の書簡の断片には「書物」(libros)という言葉も認められるが。

紀元一〇〇年頃のローマ帝国最北端の土地にあって、ウェルギリウスの叙事詩を書いたり、朗読したりしていたと想像するのは楽しいではないか。混雑の中の四時間だったが、大英博物館を後にしたわたしは充実感に酔いながら、雨の中を傘もささずに地下鉄の駅へと急いだ。

写本以前

蠟引きした文書板．紀元前 720–710 年頃，大英博物館蔵．© The Trustees of the British Museum

楔形文字を刻んだ蠟板

大英博物館のアッシリアに関する展覧会図録を見ていたら、なんと楔形文字を刻んだ蠟板があるではないか。蠟板は前章でも紹介したが、ギリシャ社会のごく初めの段階から用いられていたとする記述(Edward M. Thompson, *An Introduction to Greek and Latin Palaeography*, 1912)を鵜呑みにしていたから、驚いたのである。しかしこの図録の蠟板のカラー写真にはたしかに、次のような解説がある。

蠟引きした文書板
紀元前七二〇―七一〇年頃　ニムルド
北西宮殿AB室内井戸〔出土〕　象牙〔製〕　各　縦三四・〇　横一六・〇　厚〔さ〕一・五〔センチ〕

これは蝶番《ちょうつがい》で留められた合計一六枚の折りたたみ式の文書板の中の二枚である。蠟を引くために表裏両面ともに細かい刻み目をつけ、蠟を引いた上に尖筆を用いて楔形文字が彫り刻まれた。他の文書板の外枠に銘文が刻み込まれているが、それによってこの一そろいの文書板には一連の天文学的な占いの文書である「エヌーマ・アヌ・エンリル」の一部が記録されていたことが判明した。これは本来コルサバードのサルゴンⅡ世の王宮に収蔵されていたものであった。

（『大英博物館「アッシリア大文明展――芸術と帝国」』図録、一九九六、一九〇ページ）

この解説は大英博物館で西アジアの考古学を研究するクリストファー・B・F・ウォーカーによるものだが、前八世紀に作られたものの制作年代が、一〇年単位で分かるというのは、わたしのようにそれより二千数百年後のイギリス中世文学を専門とする者にはほとんど信じがたい。写本で言及される歴史的事象（例えば王位継承や戦争などの出来事）なしに、一五世紀の写本の制作年代を一〇年単位で決定するのは、至難の業だからである。

アッシリアの歴代の王は、自らの存在や事績を後世に伝えるために、あらゆる手段を用いたようだ。例えばリンムと呼ばれる役職に就く最高官吏や王の名前は毎年変わるが、このリンムが誰であるかを示すことでいつごろのことなのか、その年を確実に伝えることができる。この蠟板の場合には、何らかの理由でサルゴン二世（在位、前七二二／一―前七〇五）の最晩年となる最後の五年間には相当しないと判断されたために、一〇年ほどのゆとりを持たせた年代になっているものと考えられる。

より古い時代にさかのぼれば、時折起こる日食、また惑星の動きが関係する特殊な天文情報から、絶対年代を確定する方法もとられている。研究の進展によって、前三〇〇〇―前二〇〇〇年にかけての事象の年代決定は変更される場合もあるが、前一〇〇〇年のアッシリア、バビロニアに関しては、ほぼ確定した状態にあるという。

先を尖らせた葦の茎が刻む文字

さて、楔形文字の起源について簡単にふれておこう。楔形文字は人類最古の文字の一つであり、前三二〇〇年頃までさかのぼる。時代によってさまざまであるが、音節や語に対して数百種類の異なる文字が用いられたので、書記がこれらを書けるようになるまで多くの年月を要し

家屋売買を記録するために，楔形文字で書かれた日付入りの契約書．紀元前7世紀，粘土，大英博物館蔵．© The Trustees of the British Museum

たという。一方、アルファベットの起源については、諸説あるが、紀元前一九世紀以降にエジプトからシナイ、カナンにかけての地で生まれたと考えられており、この系譜がやがて、楔形文字にとって代わっていくことになる。これらの文字は、字形から判断するとエジプト文字の影響を受けている。例えば、カナン語の文字□は、もともと「家」を意味するエジプト文字に由来するのだろう。そしてカナン人はこの文字を、カナン語の「家(bēt)」の語頭子音bを表す音標文字として用いた。こうした音標文字からなるアルファベットの文字数は、古くは三〇文字程度だったが、原カナン文字を経てフェニキア文字にいたると、二二文字に安定した。そして、このフェニキア文字を紀元前一〇世紀から前九世紀頃にギリシャ人が借用したとき、ギリシャ語の表記に不要ないくつかの文字は子音ではなく母音を表す文字として採用された。すべて子音字のみで表記される文字体系であったフェニキア文字をもとにして、このように古代のギリシャ人が母音字を作ったことで、アルファベットは現在のかたちになっていった。

古代メソポタミア文明では、よく知られているように、書字に用いられたもっとも古い道具は粘土板であった。湿った粘土の塊に、先を尖らせた葦の茎で楔形の記号を刻みつけ、これを乾燥させると固くなる。今も多くの粘土板文書が出土するが、保存性にすぐれてはいるものの、持ち運ぶにはあまりに重すぎて不便である。再びウォーカーの解説に耳を傾けてみよう。

粘土板文書は、公式な記録を長期間保管するために広く用いられた方法であったが、持ち運ぶには重かったため、行政に関するデータを大量に移送するには不便な側面があった。浮き彫りには、書記が蠟引きした文書板や羊皮紙に文字を書き留めている場面が描かれているが、このような方法によって行政上の記録をとった可能性が高い。しかし、文書板はごくわずかな例が発見されたにすぎず、また羊皮紙に至っては、現存するものは一つもない。多くの文学作品は、粘土板から文書板に筆写され、後代になって再び文書板から粘土板に書き写されたことが確認されている。

（同書、一九〇ページ）

アラバスターの浮き彫り．左は手前の書記が巻物，もう一人の書記がタブレットに，右は手前の書記がタブレット，もう一人の書記が巻物に記録する様子がわかる．大英博物館蔵．© The Trustees of the British Museum

蠟板が仮に木製だったら、暑い国のこと、有機物は空気に触れて簡単に酸化し腐ってしまうところだが、一一ページの蠟板は、象牙製だったから辛うじて残ったのであろう。蠟板の内部に細かい刻み目を付けたのは、流し込む蠟がはがれないようにする目的だったのだろうか、今や残っている蠟はごくわずか、それでもそこにはちゃんと楔形文字が刻まれていた。

書写材料と使用言語

書物の歴史に関心ある者にとって、この展覧会と図録の価値は実に高かった。ウォーカーの記述に「浮き彫りには、書記が蠟引きした文書板や羊皮紙に文字を書き留めている場面が描かれている」とあった。

古代アッシリアの首都であったニネヴェの南西宮殿のアラバスター(雪花石膏と呼ばれる鉱物。多くは白色だが、純粋なものは半透明)に刻まれた浮き彫り(紀元前六三〇―六二〇頃)では、アッシリアの書記二人が戦いの戦利品の記録をとっている。右の浮き彫りでは手前の書記は、蝶番で開くタブレット(おそらく蠟引きした文書)板にアッカド語の楔形文字で、奥に位置する書記はパピルスか羊皮紙で作られた巻物にアラム語で書いている(マイケル・ローフ著『古代のメソポタミア』朝倉書店、一九九四)。左の浮き彫りでは、兵士が現在のイラク南部の沼沢地でカルデアの兵士を襲撃し、戦利品を没収、市民を捕虜として連行する場面が描かれ、書記二人が戦利品などの記録をとっている。前者とよく似た場面だが、ここでは手前に立つ書記が巻物にアラム語で、奥の書記が記録するためにタブレットを用いてアッカド語で書いている。二人の足元には敵兵の首がころがっていて、文字どおり頭数何人殺したかが確認できる。

アッカド語は、ハムラビ法典もこの言葉で刻まれているが、前三〇〇〇年頃から紀元頃まで使用された言語である。一方、アラム語は、現在に至るまで三〇〇〇年の歴史があり、イエス・キリストの母語はこの言語のガリラヤ方言とされる。

しかし、なぜ巻物にはアラム語、蠟板にはアッカド語というように、書写材料と使用言語に一定のパターンが見られるのだろうか。現代の研究では、この点について、アッカド語は、蠟や粘土の柔らかな表面に尖筆を押しつけて刻みつける楔形文字を用いたために、パピルスや羊皮紙の巻物には書けなかったと解釈している。

最古の書記

この時代、この地方では、書記や作家のほとんどが男だったが、なかには女性の姿も見られる。実際、エンヘドゥアンナ(前二二八五頃―前二二五〇頃)というれっきとした名前をもち、アッカド王朝の創始者サルゴン(在位、前二三三四頃―前二二七九)の娘である有名な人物もいた。彼女こそ、はっきり身元が分かる最古の書記、いやむしろ作家であった。

また冥界の女神に仕えた女性司祭ニン・シャタ・パダは、ラルサのリム・シン王(在位、前一八二二頃―前一七六三頃)への手紙で慈悲を乞うたことで知られるが、その優雅な祈りは後に続く書記見習いの教科書となるほどだったといわれている。ウル・ナンム王(在位、前二一一二頃―前二〇九五頃)の妻は、戦いで死んだ夫を嘆く歌を作ったし、その子シュルギ王(在位、前二〇九四頃―前二〇四七頃)の妃は息子に子守歌を作ったらしい。これらはいずれも社会の指導者と関係あるエリート女性であった。

それ以外にも女性の書記は、古代バビロニア時代の都市シッパルやマリでも確認されており、なかには親を継いで書記となった娘たちもいた。シッパルの女性書記は、都市で社会的・経済的に重要な役割を果たした組織に属して、人々の活動を記録した。一方マリでは、少なくとも一〇名の女性書記が記録に残っている。そのうち九名の食糧の割り当てが少なすぎることから、彼女たちは読み書きはできたものの、低い地位に貶められたハーレムの奴隷だったとも考えられている。書記として訓練を受けた女奴隷は、結婚持参金の一部として王女たちに与えられることもあった。ここでも女性書記は、シッパルでと同じく、社会の他の女性の言動を記録する役目を負っていた。

女性書記エンヘドゥアンナ．アラバスターの奉納円盤，紀元前 2340-2200 年頃．祭儀の場の巫女として描かれている(右から 3 人目)．ペンシルベニア大学博物館蔵．© British Museum/University Museum Expedition to Ur, Iraq, 1926

女性書記の中に学者がいたかどうかは、古代バビロニア時代に書かれた語彙表の断片から判断できるのみである。予言者、内科医、芸術家とともに女性がいたことも分かっているが、これらに携わる男たちのもとでは影は薄かった。

ここでふたたび、エンヘドゥアンナに注目してみよう。ハーヴァード大学の美術史家、アイリーン・J・ウィンターは、公共の場の女性を扱った論文'Women in Public'の中で、神官職についた最も著名な女性エンヘドゥアンナの円形浮き彫りを取り上げている。この女性は、サルゴンが治めるウルで、女性の祭司として確立した地位を占めていた。現存するエンヘドゥアンナの文学作品やアラバスターの浮き彫りなどから、わたしたちはこの強

《書字板と尖筆を持つ女性》50-79年，ナポリ国立考古学博物館蔵

力で創造的な個性の一端をかいま見ることができる。月の神の祭儀を行うエンヘドゥアンナを描く半透明の円形アラバスター（直径二五・六センチ、厚さ七・一センチ）は一九二七年にウルで発見され、現在はフィラデルフィアのペンシルベニア大学博物館にある。

裏面に刻まれた文言によれば、エンヘドゥアンナは月神ナンナの妻でサルゴン王の娘とある。表の浮き彫りでは、中央に彫られた人物はほかより背が高く、形よく仕上げられている。左の

裸体の男の「司祭」は四段の階《きざはし》がついた神殿の塔の前に置かれた祭殿上の植物に、注口の付いた容器から酒を注いで神を祀っている。司祭の右には三人の人物が続いて描かれているが、頭《ず》冠《かん》をいただき何段もひだをつけた衣に身を包んだエンヘドゥアンナ、そしてその後に続くのは、——保存状態が悪いため識別しにくいが——、ふたりの禿頭の男の召使いだとウィンターは考えた。彼女が頭に着けているのは、女性の「司祭」、とりわけエンヘドゥアンナに独特な頭冠だという。このほか同時代の多くの視覚的な証拠から、エンヘドゥアンナが当時の祭祀を中心とする社会においていかに強大な力を持っていたかが分かる。

神を讃えてエンヘドゥアンナが祈る賛歌は、シュメールの宗教と政治の歴史にとって重要な資料であるが、いかんせんその内容は曖昧模糊とした部分が少なくない。それにもかかわらず、紫式部が活躍した一〇〇〇年ごろからさかのぼること三〇〇〇年以上前に、閨秀《けいしゅう》作家が存在したというのは感慨深いものがある。エンヘドゥアンナが書記として、また作家として執筆している姿を描いた証拠が現存しないのが惜しまれる。現在のところ、ものを書く女性を描いた最古の資料は、紀元七九年のヴェスヴィオ火山の大噴火によって全滅したポンペイの遺跡から、一七六〇年に発見された壁画《書字板と尖筆を持つ女性》ということになろうか。

Bookの語源をたどる

書籍とは、書物とは

これまで例に挙げてきたローマ帝国時代の木製の文書板や、アッシリアの蠟板は書物と呼べるだろうか。そもそも「書物」とは何だろうか。この言葉の定義を知ろうと各種の辞書や事典をひもといても、扱いはまちまちである。

『日本大百科全書』(一九八六)で「書物」を引くと、「書籍」を見よとある。そこで「書籍」を見ると、「記録、情報の保存・伝達、知識の普及を目的として、文字、絵画、図案、写真などを、印刷または手写した紙葉を繙読《はんどく》しやすいように順序よく綴じ、表紙でくるんだもの。本、書物、図書、典籍、書冊、書策などは同義」とある。内容と形態から定義しているのだが、わたしなどの語感では、「書籍」と「書物」でかなりニュアンスが違うように思える。ただの無機的な物体に思える書籍に比べて、書物には何か精神的、文化的、歴史的な付加価値があるように響く。例えば、一五世紀の印刷本(インキュナビュラ、「はじめに」参照)をわたしは軽々しく書籍とは呼べない。

『広辞苑』第七版(二〇一八)の「書物」には「文字や図画などを書き、または印刷して一冊に綴じたもの。本。書籍。図書。典籍」とあるが、「書籍」は「書物。本。図書。しょじゃく」とそっけない。『広辞苑』に対抗して編集されたはずの『大辞泉』第二版(二〇一二)では、「書籍」には「書物。本。図書。しょじゃく」で、「書物」には「本。書籍」としかない。一方、よく巷で話題になる『新明解国語辞典』第八版(二〇二〇)の「書籍」では、「(個人の知識の源泉となり、生活を豊かにするものとしての)本。(普通、写真・フィルムは除く)」というように限定条件がつく。これでは、昨今の電子ブックやCD‐ROMは書籍に入るのか、入らないのかという疑問がわく。なお、第四版(一九八九)にあった「生活を高め豊かにする」といった表現から「高め」が第五版(一九九七)以降消えたのは、日常目にする書籍の効用が下がったからだとすれば、何となく納得させせられる。「書物」は第四版・第五版は「「本」の意の漢語的表現」、第八版は「「本」の意の、やや改まった表現」といずれもそっけない。

さて、出典はいささか古いが、『ブリタニカ国際大百科事典』(一九七三)の「書物」という大項目の冒頭で、ハワード・W・ウィンガーが次のように論じている。

書物の形態、内容および制作条件などは、その長い歴史のなかで著しく変化してきたため、書物についての定義を下すためには、書物に関する一定の諸特性を把握する必要がある。第一に、書物はコミュニケーションの手段として案出されたということである。バビロンの粘土板《クレー・タブレット》、古代エジプトのパピルス巻子本、中世のベラム(子牛皮紙)の冊子本、今日一般にみられる紙の印刷冊子本、現代のマイクロフィルムなど、形態はいろいろ違ってもこの点では同じである。第二に、書物は意味伝達のために文字、その他の視覚表象体系(絵、楽譜など)を使用している。第三に、書物は頒布を目的とした出版物である。

> 　さしあたって書物の定義をすれば、それは、書き記され、または印刷されたかなりの長さの伝達内容をもち、広く頒布されることを目的とし、比較的容易に持運びができるように、軽くて耐久性のある素材に記録されたものということになろう。

　ウィンガーがこの定義の中で言及する「頒布を目的とした」とは、現代における印刷本についてのみいえることで、本書でも扱う古代・中世の写本のたぐいには当てはまらない場合もある。

　今まで紹介したものとはかけ離れた書物の定義をしたのは、ジェフリー・アショール・グレイスターである。浩瀚な主著 *Encyclopedia of the Book* (1960, rev. ed. 1996) において、彼は「書物」の項目で冷たく次のようにいう。

統計をとる必要があって、かつてイギリスの出版業界は、書物とは六ペンス(一九七一年以降は二・五ペンス)以上の出版物とするとした。他の国では、ある程度以上のページからなるものを書物と定義するが、基準となるページ数については意見が一致しない。一九五〇年のユネスコ会議は、書物とは「表紙を入れずに四九ページ以上からなる定期刊行物ではない出版物」と定義した。

ユネスコの定義では、四八ページ以下の冊子はパンフレットと呼び、書物と区別するのである。他の項目では熱弁をふるうグレイスターが、ここではまるで、書物を数値によって定義するなど下らぬと冷笑しているようではないか。書物好きには書物の定義など考えられないのか、ジョン・カーターとその改訂者ニコラス・バーカー(一九三二―)は、「書物」という項目すら挙げていない(『西洋書誌学入門』図書出版社、一九九四)。

語源

ここで注目したいのは、本を指すとき、わが国では「書物」以下幾通りもの単語があるのに、英語ではbookただ一つしかないことだ。またわたしが不思議に思うのは、書物を定義する中で book の語源について触れている文献が語源辞典を除くと見あたらないことである。そこで、これから book とそれに関連するヨーロッパ語源の単語を拾い出して、いわば語源学的に「書物」を考えてみよう。

まず library（図書館、蔵書）という英単語を最初に用いたのは、一四世紀の詩人チョーサーだといわれている。彼はフランス語の librairie を英語式の綴りにしただけなのだが、このフランス語 librairie は現在では「書店」を意味するのみで、「図書館」には bibliothèque が用いられている。

旅をしながら書物を販売するチャップマン．17 世紀．ルーヴル美術館蔵

「書店」はイタリア語で libreria、スペイン語で librería、ポルトガル語で livraria という単語がある。口語で話されて、ロマンス諸語の源流となった俗ラテン語には、libraria という語があったと考えられ、ロマンス諸語の librairie、libreria、librería、livraria はここから派生したのではないかと推測できる。当然ながら、libraria は librarium（書物館）の女性形で、「書物の、書物を扱う」を意味する形容

詞 librarius から来ている。

ロマンス諸語では「書店」として用いられた librairie の語幹 liber だが、なぜ英語だけ「図書館」という意味が与えられたのであろうか。これは、既に英語には「書店」に当たる単語があったからだろうと考えられる。英語固有の単語 book と seller を組み合わせれば「本売り」という複合語ができあがる。もっとも、この場合は場所を固定した「書店」よりも、書物を売り歩く行商人(チャップマン)だったかもしれない。book-seller の初出例は一四七五年頃と考えられているが、この場合の意味は書籍販売業者、つまり書物を印刷出版して販売する職業を意味した。

いずれにせよ、この librairie の語幹 libr あるいは liber は「書物」を意味し、現代フランス語の livre として残ったが、その原義は「樹皮」であった。ローマの古い言い伝えによれば、昔は樹木の内皮がものを書くための材料として用いられていた。

ブナの木の謎

では、英語で「書物」を意味する book(ドイツ語なら Buch)の最古の形はといえば、ゲルマン諸語に共通する単語 bōc である。これは、ブナの木を意味する。コペンハーゲンなどの考古学博物館には、太古の資料として、尖ったものでキズを付けられた樹の内皮とおぼしきものが展示されているが、とくに北ヨーロッパでは落葉ブナの内皮に文章を書き残したところからこの単語が生まれたのである。寒冷の泥炭地だったからこそ腐らずに現在まで残ったのであろう。ちなみに現代の英語では「樹皮」を意味するのは bark だが、『オクスフォード英語辞典』には一八―一九世紀に一時的にではあるが、双子葉植物の内皮を意味する英語として liber が用いられた用例も挙がっている。そしてここに興味深い問題がある。

書物を意味する bōc の複数形は bēc である。そして現代英語では book の複数形は books だが、本来 book の複数形は beek になってもおかしくはなかった。これは不思議に思われるかもしれないが、例えば英語の tooth, foot, goose の複数形はそれぞれ teeth, feet, geese なのだから、その類推からすれば book の複数形は beek になるのが法則(子音+oo+子音からなる名詞の複数形は、子音+ee+子音となる)にかなっているのである。英語史では、こういった複数は変母音複数と呼ばれる。一一世紀の文献では bōc の複数は bēc だったから、そのまま現代にまで続けば beek になってよかったはずなのに、かなり早い段階で語尾に -s がつく強変化の複数形 books がとって代わったのである。

興味深いのは、bēc がそのまま用いられていれば、c[k]>ch[tʃ]になる子音変化に促されて、beech になってもよかったことである。現代の英語では、beech は「ブナ」を意味する。前述したように、「書物」の最古の単語 bōc がブナの木を意味していることも気になる。なぜならば、中世では書物を製本するさいに、二枚のブナの木板が用いられたからである。いまでこそ書物を製本する際にはその芯に厚紙が用いられるが、一六世紀までは大きな判型の書物の製本にはブナの木板が二枚一組で用いられていた。グーテンベルク聖書など、とりわけドイツで印刷された大型フォリオ判の原装丁に重厚なブナの板が用いられたことは、図書館や修道院所蔵の書物展示などでお馴染みかもしれない。

このように書物とブナ、bookとbeechの関係は無視できない。bookの複数形がbeechとなりえたかもしれない可能性を考慮すれば、そこから「ブナ」の意味が生まれたのではないかとも考えられるからである。より詳しい解説は英語語源学の専門家に任せるとして、書物好きは次々と勝手な想像をめぐらしてしまう。ちなみに宿や航空便の予約をブッキングというのも、紙の束に日付や名前を書き留める行為をbookといったことに由来する。

聖書を意味する英語・フランス語Bibleやドイツ語Bibelは、ギリシャ語bíblosに由来する。ビブロスとは、現在のレバノンの首都ベイルート近郊の地中海沿岸の都市名でもあるが、かつてこの地はエジプトの支配下にあって、エジプトからパピルスを輸入し、それをギリシャにもたらす港町だった。一説では、ギリシャ人に直接、パピルスを供給するその場所の名がパピルスを表すようになったとされる(堀口松城『レバノンの歴史』明石書店、二〇〇五)。

そしてパピルスを意味するギリシャ語bíblosは、そこに文字を書き記したことから、次第に巻物、書物の意味を獲得していく。指小辞（主に名詞や形容詞について、「小さい」意味を付加する接辞のこと）をともなって複数形となった biblía が tà biblía tà hágia つまり the holy books、「旧約聖書」「新約聖書」としてギリシャ教父に用いられるようになったのだという。こうして聖書を意味する一般的な語が誕生した。中性複数であった biblía が女性単数となったのは、「旧約聖書」「新約聖書」を一つの書物としてみなしたことにもよっている（寺澤芳雄編『英語語源辞典』研究社、一九九七）。ここでいう書物は現代のわたしたちが考える冊子本ではなく、巻子本のことであった。エリック・ハヴロックは次のようにいう。

「ビブロス」（biblos, byblos）という言葉は、「パピルス」という材料、あるいは、筆記用のパピルスでできているものと翻訳することができる。一般的な「本」（ブック）という翻訳は誤解を生む。よく知られているように、パピルスの一枚一枚は端でつぎつぎと張り合わせると、巻き込めるような一つづきの長い面につくることができたが、書かれている場所を見つけるには、それが出てくる箇所まで巻物をひろげねばならなかった。「biblion」という指小語は本や巻物を意味したのではなく、たんに一枚のおりたたまれた紙、またおそらくは二枚か三枚を重ねて一度折ったもののことを意味した。

（*The Literate Revolution in Greece and Its Cultural Consequences*, 1982, p. 332）

ここまで来ると、前世紀に多くの古写本が発見されたことから論争が起こった、巻子本から冊子本への変遷、またパピルスから羊皮紙への変遷をめぐる諸問題を考えなければなるまい。

冊子本の登場

情報へのたどり着きやすさ

いつだったか、久しぶりにわが研究室の大掃除をやったところ、計算尺や手動の英文タイプライターなどに混じって、磁気テープのオープン・リールが部屋の隅から見つかった。掃除を手伝ってくれた大学院生がこれを見て、「テレビでしか見たことがない」と叫ぶではないか。

オープン・リールのついた大きな録音機が公立の小学校に届いたとき、わたしは高学年だった。校長室に鎮座まします録音機を前に、わたしたちが、順番にマイクに向かって学年と名前を吹き込む。テープを巻き戻すと自分の声が再生されるが、「これが僕の声であるはずがない」という奇妙な感覚を味わったものだ。初めて聞く自分の声だった。

当時、レコードもSPからLPに替わりつつあった。教室でも、レコードと磁気テープという録音媒体の優劣を議論する時間があったように記憶している。レコードには溝があるから、そこに針を落せば、聞きたい曲がすぐ聞ける。一方、まだ頭出し機能がなかった時代の磁気テープでは、巻き戻したり先送りしたりして、選曲再生するのに手間も時間もかかった。そのかわり、塩化ビニールでできたレコード盤の表面は傷つきやすい。磁気テープは繰り返し聞いてもさほど劣化しない……、などの比較があったことを覚えている。

書物の歴史では、洋の東西を問わず、その形態がなぜ巻子から冊子へと変化したのかという難問があるが、従来の説明はレコードとテープの機能的な優劣に関するものとよく似たものだった。要するに、その中に入っている情報へのたどり着きやすさが、決め手になる。

巻子本は巻いた反物と同じ形をしている。昔、祖母が元気だったころ、春夏秋冬にわが家を訪ねて呉服屋がやってきた。畳座敷に季節の反物を勢いよく広げる。巻き戻すのも手慣れたものので、わたしは子ども心にその手際のよさに感心したものだ。

もちろん絵入りの巻子本を扱うわが国の古書業者だって、あるいは中世国文学の巻子本を扱う研究者だって、同じように手際はよい。観察していると、左手で開きながら、右手でうまく巻きとって、常に眼前に読むべき箇所がくるように扱う。前方に投げ出すように広げる反物の扱いとは違う。いずれにせよ、反物も巻子本もまるで生きているかのように、また主人の意向に応じて動いているような錯覚を受けた。外国の図書館の和漢書担当者ではこうはいかないことも多い。

パピルス

巻子本の短所は、頭出し機能のなかった時代の録音テープのそれと同じで、「巻中の一部分を見たいときには、巻初から広げなければならない不便がある。巻末を調べたいときはなおさらのことである」と長澤《ながさわ》規矩也《きくや》（一九〇二―八〇）は述べる（『書誌学序説』吉川弘文館、一九六〇）。和漢書でもヨーロッパの巻物でも、書物は長い間、巻子本が主流であった。長年にわたって親しまれた形態がその座を冊子本に譲ったのは、上に挙げた決定的な短所のためであろうか。

紀元前二世紀には、書物の形態といえば roll、scroll そして volume と呼ばれる巻物（ラテン語の動詞、巻く「volvere」に由来する）を指し、その長さは平均四メートル弱であった。エジプトで

上：ミケランジェロによるデルフォイの巫女，《システィナ礼拝堂の天井画》(部分)．1508–12 年，ヴァチカン宮殿
下：ラファエッロ《アテナイの学堂》(部分)．1509–10 年，ヴァチカン宮殿

は五〇メートルの長さに達する巻子本もあったという。本文は原則として内側に、欄《コラム》の形で左から右へと向かって書かれた。和漢書の巻子本が、右から左へと縦に本文が書かれたのとは、大いに異なる。長い面に左から右へと横書きし、読むときは上下に動かす形式の巻物は、中世に作られた系図などに多かった。

巻子本を作る材料は、ナイル川の三角州《デルタ》に自生するカミガヤツリ(パピルス草)であった。繊維状の髄の薄い切片を縦横に直角に重ねて押しつけると、膠《にかわ》状の髄液とナイル川の三角州によどむ泥水がうまく糊の役目を果たして、パピルスができあがる。上質のパピルスは羊皮紙や紙と同じく、白色に近い薄黄色だった。巻子本を作るためにはパピルスを何枚も一列に長く並べて糊付けした。

パピルス一枚の大きさはまちまちだが、テクストのコラムの高さは普通二〇―二五センチ、一つのコラムの行数は二五―四五行であった。パピルスの巻物では、形態上、片面にしか文字が書かれなかったが、この習慣はおそらくパピルスの表面の状態から生じたと考えられている。それというのも、写字生はいつでも繊維が水平方向に走っている面の方が書きやすいことを知っていたからである。

この事実は、古代のパピルス巻子本に書き込めるテクストの量が、両面を利用できる羊皮紙や紙の冊子本に比較して、きわめて少なかったことを物語っている。テクストの量を増やそうと思えば、巻子本は長くなって参照箇所を探すのに困難を極めるし、これを避ければ多数の巻が必要となった。前三世紀に、アレクサンドリアの図書館にいたカリマコス(前三一〇／三〇五頃—前二四〇頃)は「大きな本は大きな厄介者だ」という言葉を残した。解釈には諸説あるが、その後の歴史では短い巻物が主流となった。その後に、ホメロスの叙事詩『イリアス』と『オ

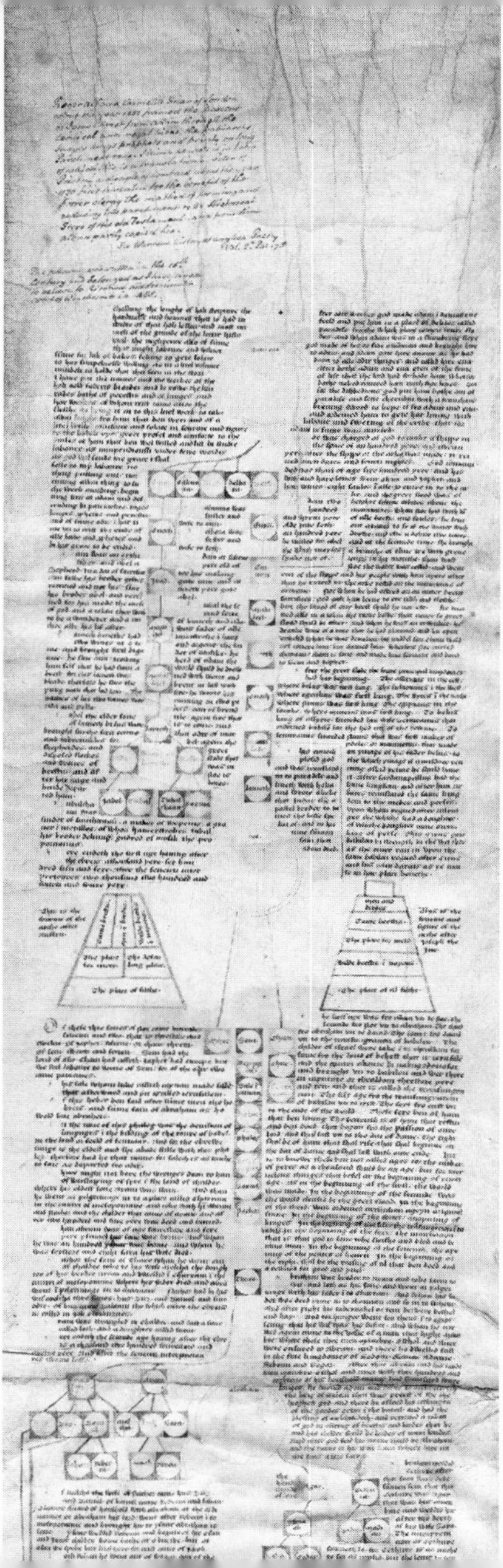

旧約聖書の系図。15世紀、羊皮紙、イェール大学バイネッケ稀覯書写本図書館所蔵、高宮コレクション

デュッセイア』が転写された場合には、三六巻にもふくれあがった。

従来の研究では、巻子本の素材となるパピルスは高価なものであったにもかかわらず決して強靭ではなく、損傷しやすかったとされてきた。これに対して大英博物館のT・C・スキート(英語学者W・W・スキートの孫)は、現存するパピルス写本には使用されずに残った部分や余白が多く見られること、再利用が可能なのにその形跡が少ないこと、最良のパピルスを大量に運んだという逸話が残ることなどから、この素材は決して高価なものではなかったと結論づけた。そのうえで、たしかに現存する古いパピルスは何百年、あるいは何千年も経過しているので、手で触れるとたちまち砕けてしまうようなもろい状態にあるが、できたてのパピルスは上質の手漉き紙と同じくらい強靭な素材だったと主張する。プリニウスは二〇〇年も前に書かれたある家族の直筆書簡を見たと書いているし、同類の証言には事欠かないからである。実際に羊皮紙で作られた巻子本を補修するために、パピルスで裏打ちしたケースもある。パピルスは羊皮紙よりも弱いという神話を打ち消すのに十分な証拠となるだろう。

ペンとインク

パピルスの表面に文字を書くためのペンは、時代と民族によって異なっていた。古代エジプト人は、細い藺草《いぐさ》の先を角度をつけて切り落とし、細い筆のようなペンを作った。これでヒエログリフ(象形文字、絵文字)や植物文様などの装飾を器用に描きこなしたのである。一方ギリシャ人は、紀元前三世紀頃には太い茎をもつ葦の先を尖らせてペン先を作り、現代のペンのように切れ目を入れて用いた。ローマ人も同じ葦ペンを用いたが、これは東方では今なお使用されている。適当な葦が得られない地域ではその代わりに、切れ目を入れたペン先をもつ金属製のペンが使用され、これはローマ時代の遺跡で発見されている。

ヴィンドランダの木板文書の例と同じように、最古のインクはランプの煤《すす》から得られる炭素の粉で作られ、古代エジプト人は太古の時代から用いていた。これにアラビア・ゴムを混ぜて粘り気を出す。これをエジプト人は固形にし、使用するときにはすって水と混ぜたというから、わたしたちが使う墨のようなものだったと考えてよい。このインクは色が褪せることもなく、ほとんど永久に変化しないことは、最古のパピルスが教えてくれる。

その後、金属ベースのインクが現れる。炭素のインクがうまく乗らない油っぽい羊皮紙に書くために、この金属インクが開発されたとする説があるが、その確証は得られていないという。金属インクは通常、樫《オーク》にできた虫こぶ(昆虫が産卵し、寄生することで植物体の一部が異常に肥大し成長し、こぶ状になったもの)に緑礬《りょくばん》(硫酸鉄)を加えて作られるが、時が経つと化学変化を起こし、微量の硫黄酸化物が書写材料を浸食してしまう。金属インクが用いられたものとして紀元前六世紀の陶器が発見されているが、死海文書(前三世紀末—後一世紀)はほとんど炭素で作られたインクで書かれていることが分かっている。また四世紀以降に書かれたほぼすべてのギリシャ語のパピルスも炭素インクが使用されているが、ギリシャ語の羊皮紙写本では金属インクを用いていたという。有名な例として聖書のシナイ写本とアレクサンドリア写本があるが、後者の場合にはインクの浸食によって羊皮紙はひどい損傷を被っている。

羊皮紙

羊皮紙は表裏で手触り、色、様子が異なる。丁寧に処理してもわずかに毛根の跡が残るヘア・サイド（毛側）は黄色味を帯び、十分なめした後でも表面が比較的ラフである。一方、肉と密着していた部分はフレッシュ・サイド（肉側）と呼ばれ、最上質のものは薄い乳白色を呈し表面もスムーズである。中世の写本で一ページ大の装飾画が描かれる場合には、必ずフレッシュ・サイドが用いられた。一二世紀には、「ベリー聖書」（ケンブリッジ大学コーパス・クリスティ・コレッジ蔵）が制作されたが、冒頭の装飾画を準備するにあたって最高品質の羊皮紙がスコットランドから調達された。また片面にだけ書く場合も、フレッシュ・サイドが用いられた。

ここまで羊皮紙と総称してきた獣皮による書写材料は、パーチメントないしはヴェラムと呼ばれる。プリニウスによれば、パーチメントは、エジプトのプトレマイオス王が図書館をめぐって張り合い、パピルスの輸出を禁止したので、紀元前二世紀、小アジアのペルガモンの王、エウメネス二世が、代替物として開発させたという。もちろんこれは伝説にすぎず、それ以前から獣皮が書写材料として用いられていた。エウメネス二世の功績とは上質な羊皮紙を生み出したことではないかと考えられる。

普通パーチメントは羊や山羊、ヴェラムは子牛の皮革をなめして作るとされているが、専門家でも両者の区別は付けがたいとされてきた。なぜなら、見た目や手触りでは判断が難しく、獣皮の別を決定する化学分析に必須となる脂肪分の抽出もほとんど不可能だからである。実際、ヴェラムの方が高級感をもって受けとめられるので、欧米の競売や販売目録では一様にヴェラムと記述する。一方、オクスフォードのボドリー図書館の写本目録では、すべてパーチメントで統一していた。昨今の、イギリスの大学の古写本学(codicology)の授業では、両者の区別は不可能だから、獣皮(membrane)と表記するようにと教わる。

しかし、こういった学者の「常識」がもろくも崩れさる現場に遭遇したことがある。イングランド中部に位置するニューポート・パグネルで、親子四代にわたって羊皮紙工房を営むウィリアム・カウリーを訪ねた時のことである。原料が違うなら完成品も違うはずで、カウリー四代目はいともたやすく、表裏も含めて両者を区別する。そこに居合わせたプロのカリグラファーは、パーチメントとヴェラムの区別は目で見て難しくとも、書いてみればペンの走り具合ですぐ判断できると説明してくれた。

ハンブルク聖書に描かれた羊皮紙が作られる工程．①羊革の売買，②なめした羊皮紙の裁断，③物差しを用いて罫線を引く様子を示す．①では，背後に，木枠と半円形のナイフが見える．1255 年

カウリーの工房では、中世以来のやり方にしたがってパーチメントが作られている。毛を抜くために塩をまぶして乾燥させたあと、石灰水にしばらく浸けておく。こうすることで毛は抜きやすくなる。職人は毛を抜き、余分な脂肪や筋が取りのぞかれた羊皮を木枠に張り、表面に残った脂肪や筋を半円形の刃がついた半月刀で削ぎ落とし、乾燥させる。その後、軽石で磨きをかけ仕上げをし、炭酸カルシウムを塗って水拭きを

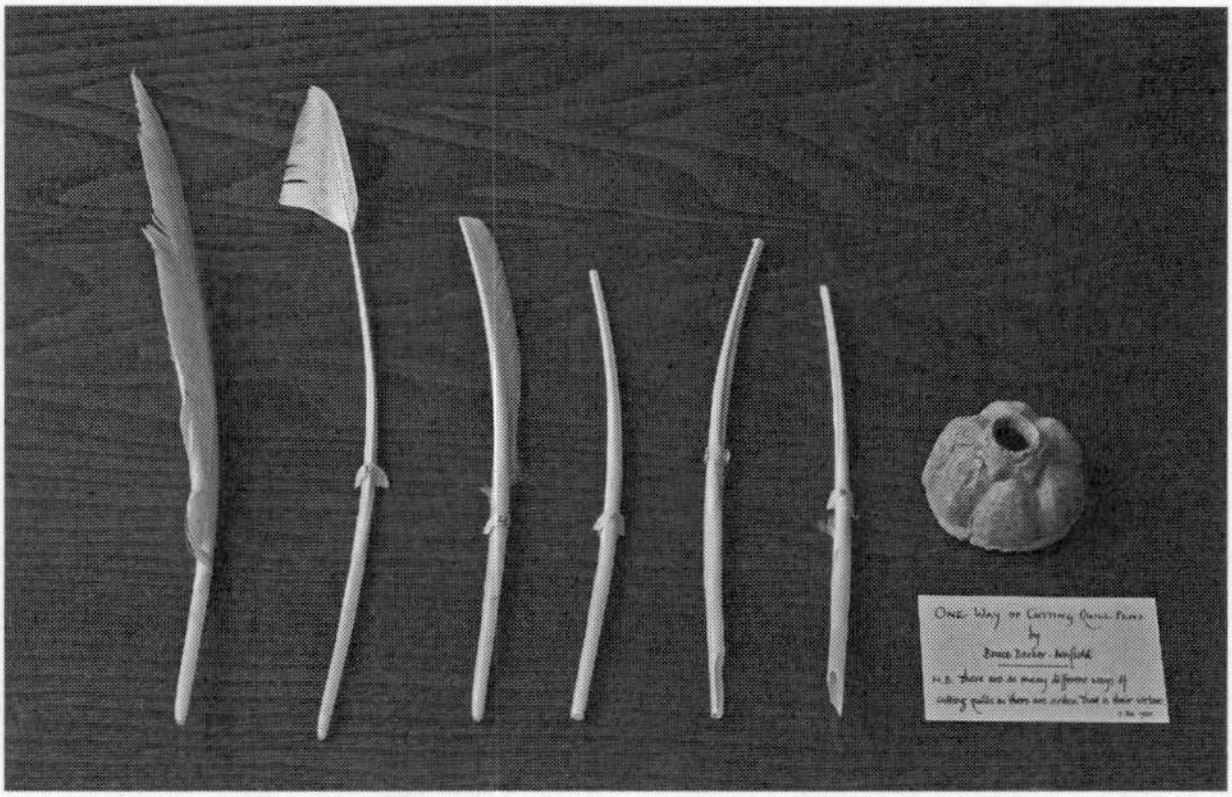

羽から段階を追って鵞ペンが作られる．右は中世のインク壺

して再び乾燥させて完成させるが、カリグラファーが実際に書く際には、別に加工を行い、表面をもう一度柔らかくする。一方、ヴェラムを作るさいには、工程が若干異なる。

羊皮紙に使用するインクは、パピルスに用いられたものと同じだが、ペンは、次第に鵞鳥など鳥類の羽の軸の先端を削って切れ目を入れた羽ペン（鵞ペン、quill）がヨーロッパで用いられるようになっていく。しかし地域によっては葦ペンも用いられたという。

パピルスの冊子本、羊皮紙の巻子本

古代エジプトのパピルス全盛の時代でも、記録を残す目的で皮革の巻子本がたまには作られた。最古の例は第六王朝時代のものであるが、多くは新王朝になってからである。ペルシャでは前五世紀には皮が用いられており、エジプトからパピルスが輸入されていたにもかかわらず、羊皮紙を好む傾向があった。

前世紀中頃、死海周辺の洞窟から夥しい数の写本断片が発見された。前三世紀末から後一世紀にかけてのもので、もともとすべてが巻子本だったと考えられている。その多くは羊皮紙に書かれたものだが、パピルスも発見されている。言語は各種の書体で書かれたヘブライ語あるいはアラム語で、少ないが、ギリシャ語もあった。これらの断片に用いられた羊皮紙の制作には、塩で洗浄した後、小麦粉を水で溶かしたものに漬けこんで毛を取り去り、中身を洗い、繊維質をほぐすというやり方を採用していたことが判明している。この方法は中世のラビ語の文献に現れる羊皮紙の作り方と同じである。

ていねいに作られた羊皮紙は、後に用いられる紙と同じく腰が強いために、畳んでも折れてしまう危険性はない。それゆえ何枚か重ねて中央から畳んで帖《じょう》を作り、複数の帖を滕《かが》って冊子本を作るのに適していた。また羊皮紙の場合は両面に書いても裏に透けてしまうこともない。その結果、書物における巻子本から冊子本への形態的な変化は、パピルスから羊皮紙へという書写材料の変化によってもたらされた、とする考え方が長く支配的だった。

しかし、現実にはパピルスを用いた冊子本も羊皮紙の巻子本も現存しているのである。前出のT・C・スキートらは、できたてのパピルスは羊皮紙と同様に強靭で、畳んでも折れてしまうことはないこと、また死海周辺から発見された写本断片は多くの場合羊皮紙の巻子本だったことから、巻子本から冊子本への形態的な変化を、パピルスから羊皮紙へという書写材料の変化に帰因させることは難しいと考えた。

一九五四年大英博物館のC・H・ロバーツは『英国学士院紀要』に「冊子本」('The Codex')という論文を寄稿し、従来の説に疑問を投げかけた後、同僚のスキートと共同研究した結果を *The Birth of the Codex* (1983)にまとめて出版している。二人は、先行研究を踏まえた上で、書物の素材、形態、それに書かれた内容を統計的に分析した。この分析がユニークなのは、ギリシャの古典作品、そしてキリスト教文献——主として聖書——がどういった形態で伝えられていったか、またそれはどうしてかに着目したことにある。その後、一九八五年にグレン・A・アンダーソンは、ロバーツらの業績を踏まえて、キリスト教が台頭していく動きに関連させながら、冊子本の役割について考察した('The Emergence of the Book')。ここではそれを元に、冊子本の誕生について考えてみたい。

冊子本への転換

ギリシャの古典作品について、ローマ時代、具体的には一—五世紀につくられた、現存する冊子本と巻子本の比率は次に示すとおり、一世紀には一パーセント未満であった冊子本の比率は時代とともに次第に上昇していく。二世紀には二パーセント、三世紀には一七パーセントだったものが、四世紀には七〇パーセント、五世紀初頭には九〇パーセントを占め、巻子本と冊子本の割合は完全に逆転する。一―四世紀の比率では、巻子本が全体の約九〇パーセントを占めていたにもかかわらずである。

ところが、同時代に作られたキリスト教関連の写本は、ギリシャの古典作品の場合とはまったく異なるパターンを示している。一―四世紀に転写されて現存する一七二の聖書関連の写本（書写材料はパピルスと羊皮紙）のうち、一五八が冊子本で、残りわずか一四が巻子本であった。冊子本は紀元前の早い段階から、キリスト教写本の形態として広範囲に採用されていたのである。

二世紀に作られたギリシャの古典作品の写本とキリスト教写本について、冊子本と巻子本の比率を調べると、顕著な傾向を見てとることができる。前者は九七・九パーセントが巻子本であるのに対して、後者では一〇〇パーセントが冊子本である。

以上の事実を表にすると左のようになる。

ここで論じられている写本が発見されているのはエジプトである。かねてより、冊子本という形態の出現とキリスト教伝播が並行して起こっていることは指摘されてきたが、冊子本は三世紀に増加、四世紀に支配的になり、同様にキリスト教も三世紀に急速に普及し、三一三年に公認されていく。

巻子本から冊子本への形態的な転換は、いずれが使用に便利かといった実用的・経済的判断だけから起こったのではないのだろう。冊子写本は、巻子本を用いていたユダヤ教や周辺に存在していた異教に対して、原始キリスト教がユダヤ教から分派し、成立したことを示す象徴的な形態として、選ばれたのである。キリスト教の教えを説き普及させる聖書の形態として、キリスト教の写字生を異教徒の書記から区別するために、冊子本は採用されたのであった。ユダヤ教典が現在でもなお、羊皮紙巻子本の形態で作られている点に注目すれば、紀元後まもなく

現存するギリシャ古典の写本における冊子本の比率

	巻子本	冊子本	冊子本の比率
1世紀	353	3	1%未満
2世紀	1132	24	2%
3世紀	607	126	17%
4世紀	66	158	70%
5世紀初頭	14	122	90%

① 1-4世紀のみの比較

	ギリシャ古典の写本	キリスト教写本
巻子本	91.1%	8.1%
冊子本	8.9%	91.9%

② 2世紀のみの比較

	ギリシャ古典の写本	キリスト教写本
巻子本	97.9%	0%
冊子本	2.1%	100%

キリスト教関係者の中に、聖書およびその関連書の写本を冊子本の形態に転換すべく努力した重要な人物がいたであろうことが浮かび上がる。

聖マルコのノートブック

さて、ロバーツは、聖書が冊子本として誕生するその時期が紀元七〇年頃であることから、それが福音書家の聖マルコによってなされた可能性を示唆している。マルコがローマで福音書をものした時、覚え書きや草稿のために当時ローマで通常用いられていた羊皮紙製のノートブックを使用した。それまでローマ帝国内では二枚から一〇枚ぐらいの蠟板の文書板を重ねて、片方に穴を開けて簡単に綴じた、冊子状のものを用いていたが、この頃には蠟板の替わりに表面を十分なめしていない羊皮紙を重ねてノートブック状にする習慣があったのである。

マルコはアレクサンドリア教会と関係があったとされているので、彼の福音書の自筆写本は、エジプトに届けられ、最初の権威あるキリスト教著作となった。アレクサンドリアのキリスト教徒たちは敬意をもってこれに接し、数多くの冊子本の写本が作られたが、その際には羊皮紙ではなく、エジプトの誇るパピルスが用いられた。こうしてアレクサンドリアの関係者によって権威づけられて転写されたパピルスの冊子本は、エジプト内外でのキリスト教関係の著作の普及に結びついたのだという。

実は、この仮説は後にロバーツ自身が修正している。初期のキリスト教文献にマルコの福音書は引用されることがなく、一世紀のアレクサンドリアの宗教的な状況はほとんど分かっていないからである。しかし、この説は、キリスト教関連書がパピルス冊子本の形で存在したことを説明し、その後、ヨーロッパで羊皮紙の冊子本が主流になっていった事実とも矛盾しない。

冊子本は四世紀にはかなり普及し、五世紀になると巻子本が市場で占める比率は一〇パーセントほどに下がる。そして非キリスト教著作では六世紀終わりには巻子本の命脈は尽きてしまう。一—四世紀、ローマ帝国や地中海周辺地域ではキリスト教の布教活動が行われ、三一三年、ローマ帝国ではキリスト教が公認された。両面に書ける羊皮紙の冊子本ならば、巻子本の約二倍の量の本文を収容することができる。しかも修道士たちが神学論争を行う際、冊子本の聖書であれば、写本を開いて同じ箇所を指し示し、見つけ、議論することが可能となったのである。

中世式知的生産の技術

ペチア・システム

中世ヨーロッパの大学での授業の様子、なかんずく教師と学生の関係を伝える絵は、かなりの数が残され、例えば写本の中でもそれらをみることができる。教師が手元にある本を読み上げて、学生が書き取っているかと思えば、存外、学生たちも同種のノートブックを手にしている場合もある。印刷術の時代になれば、教科書として購入した同一の印刷本を学生が手元に置くという光景は想像に難くないが、それ以前の写本時代でもよく似た光景が描かれてきた。

例えば一四世紀半ばのボローニャ大学での授業風景を、ミニアチュールから再現すれば、手元の写本(教科書)を見ながら講義に耳を傾けている者はわずかで、肘をついて隣を伺う者、隣同士でおしゃべりに熱中する者、惰眠を貪る者、最後列では講義に遅れて入ってきて着席する学生がいる(次ページ図)。教科書を持っていない学生ほど、また後ろに座る者ほど講義を聴いていないというのも、現代の教室の様子と何ら変わらない。この挿画は、ヘンリクス・デ・ア

ボローニャ大学の講義風景．14 世紀の写本から

レマニアがアリストテレスの倫理学に注解を施している場面を、ボローニャの装飾絵師ラウレンティウス・デ・ヴォルトリーナが描いたものである。

では、学生が教科書に使う写本はどのように準備されたのか。一度に数多く、生産する方法はあったのだろうか。この問いには、イエスと言ってもよいかもしれない。

一三世紀、オクスフォードの中心にあるキャット・ストリートなど、大学街にあって羊皮紙や書写材料を商う文房具商(stationer)の店に行けば、大学当局がきちんとお墨付きを与えた教科書の元本(exemplar)が置かれていた。学生たちは、未製本の作品を一帖ずつ有料で借り出しては転写し、それが終わると次の一帖を借り出して転写する。仮に元本が二〇帖からできているとすれば、二〇回文房具商を往復して転写すれば一冊の写本が学生の手元に残り、それを抱えて大学の講義に参加するという算段になった。この中世的知的生産の技術はペチア・システム(pecia system)と呼ばれた。イタリア語で読めばペチア、ラテン語ならペキアと読むこの単語の意味は帖(=quire または gathering)、英語なら piece となる。このペチア・システムは急に教科書が必要になった時にも供給することができるよい方法だった。

デストレの発見

中世の大学におけるこの知的生産の技術を現存写本から調査したのは、ドミニコ会派のフランス人僧侶ジャン・デストレ(一八八七―一九五〇)であった。一九三七年に取りかかる予定だった大規模な研究プロジェクトの中間報告書という性格を有する著書(*La «Pecia» dans les Manuscrits Universitaires du XIIIe et du XIVe Siècle*, 1935)が刊行されている。当初五〇〇部が印刷された同書は一九五三年にも増刷されるほど大いに評価されたが、彼の死によって最終版が日の目を見ることはなかった。

デストレは第一次世界大戦後ドミニコ会に入り、まずミュンヘンのマルティン・グラプマン(一八七五―一九四九)の薫陶を受けた。レオ一三世がドミニコ会に託した『トマス・アクィナス

トマス・アクィナス『神学大全』のフィリップス写本30945番，13世紀頃．丸く囲った部分には，ペチアと思われる番号が記されている．その左下にも欄外に文字が見えるが，これはテキストを訂正したものである．イェール大学バイネッケ稀覯書写本図書館，高宮コレクションより

著作集』の編纂を手伝うことが期待されていたが、上述した著書の出版後の翌年、相次いで両親を失い、年端のゆかぬ多くの弟妹の面倒をみなければならなくなった。そこで修道会の特別許可を得て退会し、学校の教師として、大プロジェクトの研究は続けた。

デストレは、スコラ哲学の写本の余白に、規則正しく連続するローマ数字と、場合によってはpないしpeciaの文字が——例えばペチア一五番を意味する'xv.p.'のように——、同じ間隔で現れる事実に気づいた。そしてこれらが、大学が保管している写本リスト内のそれと呼応することを発見する。

このとき何が起きていたかと言えば、写字生は転写を始めた場所のペチアの番号を余白に記していたのである(例外としてはボローニャだけは転写が終わった場所のペチア番号を記した)。一九三五年の段階で、彼が調査した大学所蔵の写本は七〇〇を超え、そのうちおよそ一〇〇〇の写本にはペチアのマークが施されていたという。亡くなった一九五〇年までにはさらに多くの写本を確認したはずだが、残念ながら今に至るも彼が調査した写本の全容は公表されていない。

中世の授業風景

文房具商によって貸し出された元々のナンバー入りの複数の帖は、コンディションがあまりにも劣化すると、文房具商が一冊の写本として製本し、廉価で売りに出されることもあったと考えられている。これらは大抵保存状態がひどく、指紋が残る見苦しい写本であることが多い。例えばパリのフランス国立図書館蔵ラテン写本三一〇七番は五七帖のペチアからなるトマス・アクィナス『対異教徒大全』であるが、いくつかのペチアが脱落したため、異なる写字生によって補塡されていることが見てとれる。これは毎年一度の定期的な点検の際に発見されたらしく、他にも訂正の跡が著しい。もう一つの写本、同図書館蔵ラテン語写本一五八一六番は、右の五七帖が流通している間に、喪失した部分だと考えられる。

ここまで略述したペチア・システムに関係する主題は、専門家の間でも論争を呼び、さまざまな説が発表されてきた。

その一人、グレアム・ポラードによれば、「このシステムが実践されていた少なくとも一一の大学は次の通りである。北イタリアのボローニャ、パドヴァ、ヴェルチェッリ、ペルージャ、トレヴィーゾ、フィレンツェ。南イタリアのナポリ。スペインのサラマンカ。フランスのパリとトゥルーズ。それにイギリスのオクスフォード。不思議なことに、サレルノ、モンペリエ、オルレアン、アンジェ、アヴィニョン、ケンブリッジ、あるいはドイツやオランダの大学では、ペチア・システムが実践された形跡はない。実際の元本とペチア本が確認されているのはボローニャ、ナポリ、パリ、オクスフォードのみであり、他の七大学からは現在まで何の資料も出ていない」(Graham Pollard, 'The *Pecia* System in the Medieval Universities')。

本章の冒頭に挙げた、ラウレンティウス・デ・ヴォルトリーナが描いたボローニャの大学風景に戻れば、ここに描かれた教科書は、いずれもペチア方式で転写されたものであろう。デストレはこれが印刷術の生まれる時期まで続いたと考えていた。一方、ポラードは北部ヨーロッパではもっと早い一四世紀の半ばには終焉を迎えたはずだと論じている。

「羊皮紙狂」(vellomaniac)として知られた一九世紀イギリスの写本蒐集家サー・トマス・フィリップス(一七九二—一八七二)は、常識的には屑籠行きだろうと考えられる断片でも丹念に収集した。さて、このフィリップス写本三〇九四五番はトマス・アクィナス『神学大全』のパリで転写された写本の断簡である(五四ページ図)。その余白には'p xv'というペチア・マークが残っている。これはわたしの手許にあったが、現在は髙宮写本一〇九番として、イェール大学バイネッケ稀覯書写本図書館に収蔵されている。

音読、朗読そして黙読

声に出して読むべからず

今日わたしたちが読書するときは大抵、文章を目で追って理解するだろう。つまり視覚を用いて文意を汲み取るわけだ。電車やバスを使って通勤する人々のうちで座席にありついたしあわせ者は、文庫本や新書を、あるいはスマホやタブレットなどを手にして読む。満員にもかかわらず、吊革につかまってでも読書する人だっている。しかし間違っても声高らかに音読するなどという手合いはいまい。視覚とともに聴覚まで動員して読書するというのは、こういった環境ではタブーとなっているからだ。もしこの社会のルールを破ろうものなら、白い目で見られるか、君子危うきに近寄らずとばかりに、人々はできるだけ離れていくであろう。

朝夕の通勤電車で展開するこういった毎日の読書習慣が、そのまま家の中で見られるのはしごく当然のことである。食卓で、あるいは居間のソファで、また書斎やベッドで行われる読書も黙読が多い。現代の日本人にとって声に出して本を読んだのは小中学校の教室でのこと、大人になるとそんな習慣は消えてしまう。

もっとも必要があって本を音読することもある。ベッドサイドでは、子どもに絵本を読み聞かせるために音読するだろう。ロンドンに住むわが友人の書誌学者ニコラス・バーカーは、五人の息子たちにディケンズの長篇小説を次々と語り聞かせて、三〇年間で全集を何度か読破したという。

こんなことを大学の授業で話したら、学生の一人が「わが家の曾祖父は、毎朝起きると新聞を声に出して読んでいたそうです」とのコメントをくれた。まさしく、わが国の戦前の新聞は、総ルビであった。夏目漱石が「朝日新聞」に連載していた新聞小説も同じ扱いを受けていたはずだ。読者は、内容をよりよく理解するために視覚と聴覚を動員し、場合によっては、自分のためだけではなく、文字が読めない家族のために読み上げる、あるいは読み聞かせることもあっただろう。

あるとき、銀座和光の服部禮次郎氏(一九二一—二〇一三)と雑談をしていると、「昔、交詢社(福澤諭吉ら当時の慶應義塾関係者が中心となって設立した日本初の社交クラブ)の談話室には、新聞を声に出して読むべからず、という告知板がありましたよ」と教えてくださった。

新聞記事や書物の読み聞かせについては、アルベルト・マングェル(一九四八—)が『読書の歴史——あるいは読者の歴史』(邦訳新装版、柏書房、二〇一三)で、キューバの煙草工場で行われた朗読会の模様を伝えている。煙草工場といえば、メリメ原作、ビゼー作曲のオペラ『カルメン』の舞台から、猥雑で喧騒に満ちた場だったと思われがちかもしれない。しかしキューバの煙草工場では朗読会が企画されて成功を収めた。その後、戦争の影響もあって、煙草工場での朗読会は消滅するが、アメリカに舞台を移してキューバの労働者たちの朗読会の習慣は続いたという。

この当時、キューバの労働者の識字率はわずか一五パーセントだった。一八六五年、煙草生産に携わる労働者のための新聞「ラ・アウロラ」第一号が発行されたが、識字率の低さが壁となり、誰もがその情報に接することができる状況ではなかった。そこで朗読者が設けられて、朗読会が開かれるようになると、ここで葉巻を巻く作業をしながら、多くの人々が書物と出会うことになった。識字率が低いコミュニティでは、情報は、文字が読める人物による音読に依存する率が高くなるが、その影響は他の工場にも広がっていった。あまりに熱狂する朗読会に対して、一八六六年、キューバ政府は朗読会を禁止し違反者を処罰する方策を打ち出すほどだったという。朗読会が就業時間外に秘密裏に続行され、支持されたのも当然のことだったのだろう。

マングェルは、朗読会の様子を鮮明に記憶していた画家にインタビューすることができた。マリオ・サンチェスという画家は次のように回想したという。「私の父は、一九〇〇年代初めから一九二〇年代にかけて、エドゥアルド・ヒダルゴ・ガトー葉巻工場で朗読者をやっていました。朝は地元の新聞記事を読み上げていました。父はハバナから毎日小型の船で運ばれてくるキューバの新聞から、国際的な記事などをそのまま朗読していたのです。お昼から三時にかけては小説でした。あたかも俳優であるかのように、登場人物の声がどんなものであったかを考え、それをまねて朗読するように求められていました」(同書邦訳一三三ページ)。

葉巻煙草を作るという、機械的ではあるが、神経を集中させねばならない仕事中に朗読は行われたので、沈黙が保たれた。小説や古典作品の朗読を繰り返し聞いた労働者の中には、長い一節をそらんじる者まで現れたという。

アウグスティヌスの読書

さて、中世の修道院で写本を読むときは、声を出して視覚と聴覚を同時に働かせていたらしい。らしい、というのは西方キリスト教会最大の教父、アウグスティヌス(三五四―四三〇)は『告白』の中で、読書家だったミラノのアンブロシウス(三三三頃―三九七)の読書姿に接したときの驚きを、次のように書き記しているからである。

読書をしている時、その目はページを素早く追い、精神はその意味を鋭く探究しているのだが、舌は止まったままで声を出すことはなかった。誰でも彼に自由に近づくことができ、来客だと彼に知らせる者もいなかったので、我々が彼を訪ねた時にも、しばしば、彼がこんな姿で黙読している光景に出くわすこととなった。彼は決して声を出して読書することがなかったのである。

（同前五六―五七ページ）

アンブロシウスが黙って書物に向かい黙読する、この場面は、今日のわたしたちにはなんの不思議もないが、アウグスティヌスにとってはきわめて異様に映ったらしい。それは、当時は黙ってページを追うという読書法は一般的なものではなく、音読するのが普通だったからだろう。

しかし、同じ『告白』の中で、

私はその書をしっかりと手に持って開き、目についた最初の章を黙読した。

（同前五九ページ）

とも書かれている。これは、アウグスティヌスが回心する重要な場面の一つに登場する。アウグスティヌスが、みずからの過去の罪に怒りを感じながらも心を定められずにいたとき、彼は

「取って読め」という声を聞く。そして友人のアリピウスのもとに戻って、パウロの『使徒書簡』を手にして、声を出さずに読んだ。アウグスティヌスがこのとき読んだのは、「ローマ人への手紙」にある「肉体の欲望に備えるのではなく、主イエス・キリストを甲冑として身に纏いなさい」という言葉であり、この文を読んだときに、アウグスティヌスの心に信仰の光が満ちたと言われるが、このことについてマングェルは次のように続けている。

三八六年の八月、ミラノにある館の庭で、アウグスティヌスと友人アリピウスは、聖パウロの『使徒書簡』を、我々が今日読むのと全く同じような方法で読んでいた。アウグスティヌスは、自分自身の修養のために黙読で、アリピウスは、テクストの啓示を友と分かち合うために大きな声を出して。興味深いことは、アンブロシウスがじっと声を出さずに書物を黙読している理由がアウグスティヌスには全く分からなかったのに、彼自身がまさに黙読していることには少しも驚かなかったということである。（同前五九ページ）

視覚と聴覚

音読から黙読へというコミュニケーション文化の変遷は、コミュニケーション論やメディア論といった新しい学問領域で、好んで取り上げられたテーマである。研究者たちは、写本文化から印刷文化に移行した一五世紀後半以降のヨーロッパにおいて、それまでの音読が黙読にとって代わられたとする仮説を提唱した(H. J. Chaytor, *From Script to Print*, M. McLuhan, *The Gutenberg Galaxy*, W. J. Ong, *Orality and Literacy*)。

従来、この種の研究が低調気味であったことには理由がある。たしかに、古代の教父や中世の写字生、またルネサンスの人文主義者が本を読んだり書いたりしている場面は、おびただしい数の図像として残されている。しかし困ったことに、彼らが机に向かう姿の図像を見ても、声に出して書物を読んでいるのか、あるいは黙読しているのか判別することはできない。現代の漫画に使われている吹き出しのような工夫をすることはほとんどなかったからだ。

しかし、今日のわたしたちが想像もつかない形で、聴覚によるコミュニケーションが行われていた一例を、「auditor」という英語に見出すことができる。この単語は現在では、大学の聴講生、すなわち講義には出席するが試験を受けない、したがって単位をとらない学生を指す。しかし、一四世紀から用いられている語義としては、ラテン語の「聴く」audireを語源として組織や会社の経理報告が正しいかどうかを検査する監事や監査役、会計検査官に当たるものだった。

目で数字を追って収支決算を確認するはずの人をauditorすなわち「聞く人」というのはなんとも理解しがたいことかもしれない。しかしこれは一四世紀以来、数字を読み上げる経理担当者の報告を、会計検査官が耳で聞いて、その是非を問うのを習慣としていたことを示している。聴覚によっていた会計検査が次第に視覚を頼るようになるのがいつのことかは別として、この単語は今でも聴覚をもって判断する人を意味しているのである。

これとよく似た例は、銀行の出納窓口の係「teller」である。金銭の出し入れをする人が「話す人」を意味するのは、妙な話であるが、この場合は銀行側と顧客が互いに納得できるように、出し入れする金銭を声に出しながら数えて確認するのである。一九六〇年代にアメリカに短期留学したわたしは、銀行の窓口でドル小切手を両替する際、この体験をした。ここでも視覚だけでなく聴覚を用いている。こう説明すると、現代の銀行の現金自動支払い機、ATM(Automatic Teller Machine)になぜtellerという単語が用いられているのかが了解できるだろう。「勘定する人」という意味での初出例も一五世紀であるが、一七世紀になると議会などで投票数を読み上げる係もtellerと呼ばれた。これも投票数を声に出して数えたからであろう。

イギリスの大学には上級講師と教授の間に「reader」と呼ばれる職位がある。現在ではたいてい学部にひとりと決められ、講義をすることだけを主たる任務にするという特権が与えられた地位である。そして、この単語の原義は「たくさんの本を読む人」ではなく、「教室で声に出して原稿を読む人」、つまり講義者のことを意味する。またケンブリッジ大学などでは、少し低い教員の職位に「lector」があるが、こちらの原義はカトリック教会で聖書朗読をする人、つまり声を出して朗読をする人であった。ＡＶ機器やパワーポイントなどなかったひと昔前までは、大学の講義といえば、先生が読み上げる原稿を必死にノートにとるのが常だった。

オングは「今日の私たちには奇妙に感じられるのだが、書かれた資料は耳で聞くことの補助として使われていた」という。現在ではこの逆といってよかろう。わたしは国内のある学会で、口頭発表を終えた若手の研究者に、年配者が「ご苦労さま、これが印刷されるのを楽しみにしています」と声をかけた場面に遭遇したことがある。なるほど、現在では、そして少なくとも学会の常識としては、声を出して発表しただけでは不十分で、発表原稿に加筆修正を施したうえで、印刷出版して初めて学問的価値が認められるのだと納得した。しかしわたしの乏しい経験では欧米の学会ではそんなことはない。口頭発表した段階で、重要な意味をもって受けとめられる。学問の進歩が早い分野では、発表後二、三年して出版されたときには既に潮流から外れている場合もある。

一九八〇年頃までは、イギリスのホテルに電話して部屋を予約すると、予約確認の手紙をこちらが書くよう求められることがあった。これなども現代における聴覚より視覚を重視するコミュニケーションといえようか。ホテル側は、言った言わぬのトラブルをさけるための慣習ですと言うかもしれない、それも現代ではインターネットによる予約が常識となった。音読と黙読の主題から少し外れたと思われる向きもあるかもしれないが、現代のわたしたちが予想もつかないような現象が、過去においては聴覚と視覚を用いる文化のコンテクストで展開していたのである。

写本室は黙読だったか

ウンベルト・エーコ(一九三二―二〇一六)の小説に「重ね書きして」(映画の副題 A Palimpsest of Umberto Eco's Novel にあるとおり)制作された映画『薔薇の名前』(一九八六)には、修道院の食堂で物音一つたてずに食事する僧侶たちに、選ばれた者が朗読する場面がある。写本室の写字生が黙読することを要求する最初の規則は、九世紀に登場したといわれる。マングェルによれば、

それまで彼らは、自分が筆写するテクストを声に出して読み、それを書き取るという形で仕事をしていたのである。ときには作者や、原本とする写本の制作者、いわば「出版人」にあたる人々が自らテクストを読み、写字生がこれを書き取るということもあった。八世紀のこと、ある匿名の写字生は、自分が筆写したテクストの終わりに次のように添え書きしている。「筆写にどのような努力が払われるのか、誰にも分かるまい。三本の指で書き、二つの目で見、一つの口で文を言う。身体全体を使うのだ。」「一つの口で文を言

う」のが写字生の仕事、彼らは音読しながら筆写していたのである。（前掲書六五ページ）

黙読が、修道院の写本室で標準的なスタイルとなってからは、写字生同士が意思疎通をする際には、いろいろなジェスチャーが使用されるようになった。例えば、「詩篇」の写本が必要な場合には、その作者とされるダビデ王を真似て、両手を頭上に置いて王冠の形を真似てみせる。また「ミサ典礼書」の場合には十字を切る。ギリシャ・ローマの古典の場合には犬のように脇腹をかく……という具合だったという。

しかしイギリスからやってきた元修道僧だったというカリグラファー、ユーアン・クレイトンの仕事を見ていると、羊皮紙にラテン語の「ミサ典礼書」を転写する際に、旋律を口ずさみながら鵞ペンを進めていくではないか。その方が一定のリズムに乗れるから、すでに覚えているラテン語のフレーズを書くには都合がよいと彼は説明する。ここから思いをめぐらすのは、一五世紀後半になって夥しい数の写本が生産された時禱書のことである。パリやブリュージュにある専門の写本工房では、一生を時禱書の転写に捧げた写字生も多かったが、例えばナポリで活躍した写字生のジョヴァンニ・マルコ・チニコは五二―五三時間で一定の長さの写本を転写し、「早書きのジョヴァンニ」とみずから豪語した。ここからは想像が入るが、現代のカリグラファーの例からすれば、彼らはテクストをほとんど暗記していたから、声に出しながら写本を制作することもあったのかもしれない。

なお余談だが、中世ヨーロッパの大学は高位聖職者を養成する修道院のような場所だった。だから現代でも食事の際には私語を交わさない習慣が残っているかと思って、ケンブリッジ大学に留学したら、ダイニング・テーブルのうるさいこと、食事もろくに喉を通らなかった思い出がある。

単語間のスペース

グーテンベルクによる活版印刷術の発明と普及が、「閉ざされたテクスト」を生みだし、読者は黙読するようになったという説に対しては、異論を唱える研究者も出てきた。

アメリカの大学で中世の古書体学を講じるポール・シーンガーは、学生たちが写本と初期印刷本の装飾ページをほとんど区別できないことに気づき、それをきっかけに、この説に疑問をもったという。わたし自身も、アメリカからケンブリッジにやってきた中世学者が初期印刷本の装飾ページを見て「きれいな写本ですね」というので、二の句が継げなかった経験がある。

例えば、一五世紀後半にカリグラファーとしても活躍した印刷業者コラール・マンシオンはみずからデザインしたバタルド体の活字を用いて、最後の作品としてオウィディウスの『変身物語』を印刷し、手書き装飾を施している。しかしそのページを見てただちにこれは印刷本だと断言できる人はそう多くはあるまい。すでに述べたように、実際、初期印刷本の制作者や所有者は、どこまでも印刷本を写本の外見に似せて作ろう、また作らせようとしたのである。同時期にロンドンで美しく装飾されたグーテンベルク聖書も、一八一二年に編纂されたカンタベリー大主教のランベス離宮図書館の写本目録では、誤って写本一五番として登録されたほど装飾写本に近い姿をとどめていることは紹介したとおりである。

さてシーンガーは、ヨーロッパ社会における音読から黙読への変化は、写本におけるテクストの書き方、そしてそこから分かち書きが生まれてくる習慣のうちに、その理由を見いだしうると考えた(*Space Between Words: The Origins of Silent Reading*, 1997)。

現在は単語と単語がスペースで分けられているが、キリスト教が普及した後もしばらくは、写本では、本文の単語の間には何らスペースが設けられることはなかった。分かち書きが始まるのは、七―八世紀のアイルランドの修道院における写本室である。時まさしく、あの「ケルズの書」や「ダロウの書」など豪華にケルト装飾を施した福音書写本の制作で知られる、アイルランド美術の黄金時代だった。それまで読書は、視覚と聴覚の両方を駆使しながらも音読に頼っていたが、職業的写字生がこの分かち書きや各種の句読点、段落を示す朱書きなどを写本制作に導入したために、視覚のみによる黙読が可能になったのである。写本の分かち書きは一〇世紀後半になって、ようやく大陸でも採用されるに至った。

しかし、なぜ分かち書きが普及するのにそんなに時間がかかったのか。この疑問に対して、上述したアウグスティヌスの場合を除いて古代の読書は音読されることが多かったこと、たやすく読むとか早く読むといった、現代は利点と考えられる面に古代では関心が払われなかったことをシーンガーは理由に挙げる。要するに価値観が根本的に違っていたということなのだろう。中世ヨーロッパ社会にゆっくりと広がった黙読の習慣は、中世後期に盛んとなったスコラ哲学と信仰に関する読書でもっとも活用されることになっていく。

こうやって説明してくると、古代ローマ帝国のほぼ全土に残された、石碑のラテン語文は、

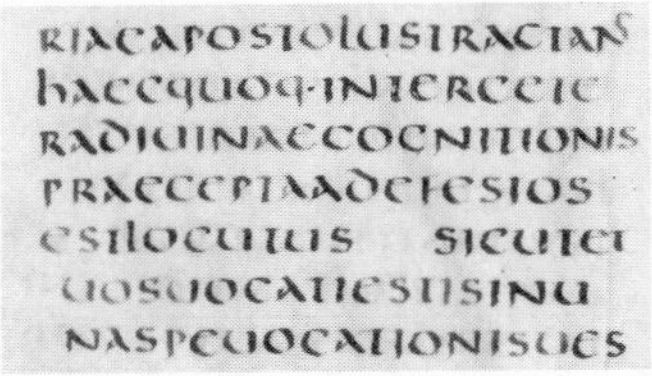

上：ヒラリウス『三位一体論』．5–6世紀，この頃，単語間にはスペースは用いられていなかった．スタン・ナイト『西洋書体の歴史』より
中：『ケルズの書』(部分)
下：単語間にナカグロが用いられた例．ローマ碑文．194年，『西洋書体の歴史』より

ナカグロ(・)を用いて分かち書きがされているではないか、と反論される方があるかもしれない。たしかに、楷書体大文字の完璧な美しさで知られるトラヤヌス皇帝の戦勝記念碑(一一三)を見ても、単語間にナカグロが用いられている。これはおそらく、石碑のもつ性格上、かなり遠くからでも文章を読みやすくするための工夫だったと考えられる。

『家庭版シェイクスピア全集』

文学作品の場合、詩はゲルマン語から発達した頭韻詩であろうが、ラテン語系の押韻詩であろうが、音読するために作られている。韻律やリズムなどが美しく響くように作詩されているからである。以前、口誦定型句理論というのが流行ったが、多くの詩作品には決まった常套句や、ぼんやりしていても意味がとれるように随所に埋め草が挿入されていた。聞きやすさを考えてのことである。当然のことながら、こうした作品は印刷本となった後も音読され、人々の集まりでは朗読された。

一九世紀の初頭、ロマン派詩人ワーズワース(一七七〇—一八五〇)の妹ドロシーは、夕食後の暖炉の前で、チョーサーの「粉屋の話」(『カンタベリー物語』)を声に出して読み、ゆったりとした時間を過ごしたと日記に記している。この話自体ひどく猥雑な内容であったにもかかわらずである。

ちょうどそのころ、ブリストルの医師トマス・バウドラー(一七五四―一八二五)は、食後の団欒に一家の主が年端の行かぬ娘たちを相手にシェイクスピアの戯曲を読み上げた時にも、狼狽したり赤面したりしなくてもすむようにと、宗教的にふさわしくない句や猥雑な部分を削除した *The Family Shakespeare* つまり『家庭版シェイクスピア全集』を一八一八年に出版した。良家の子女のために手入れがなされたこの版は、「不穏当だとされる箇所を訂正する」ことを意味する bowdlerize という悪名高い英語を生みだしたが、ヴィクトリア朝社会では人気があり、七版を重ねた。

『不思議の国のアリス』の著者チャールズ・ドジソン(ルイス・キャロル、一八三二―九八)は、バウドラーの改竄にも満足せず、愛する十代の女の子の情操を守るため、シェイクスピアをさらにずたずたに改竄したという。テレビやビデオがなかった社会では、文学作品の朗読は家庭の憩いのひとときになくてはならぬものだった。ヴィクトリア朝の小説家チャールズ・ディケンズ(一八一二―七〇)でさえ、登場人物に合わせた声色を用いて、自作を劇場で朗読するのをほとんど生業としていたほどだ。

「publish」の意味

英米ではモダニズムの時代になっても詩の朗読会は続いた。W・B・イェイツ(一八六五―一九三九)、W・H・オーデン(一九〇七―七三)やスティーヴン・スペンダー(一九〇九―九五)といった詩人たちが自作を朗読した録音を聞くと、多くの女性たちがさぞや紅涙を絞ったであろうことが想像される。

わが国の現代詩の朗読はどうだったのだろうか。わたしは西脇順三郎先生(一八九四―一九八二)の講筵に列したことがある。エズラ・パウンドの助言や東京大学の辻直四郎の推薦を受けて、一時はノーベル文学賞の候補にもなった超現実主義の詩人である。あるとき先生の詩をどこで区切って読むべきかお尋ねしたところ、ご自身でも確信がもてないご様子だった。要するに、自作を朗読される機会はほとんどなかったのであろう。今でも状況はそんなものかと思っていたら、いつだったか現代詩人であり、アーサー王伝説の研究者、いやむしろ宮沢賢治研究の権威と呼んだ方が通りのよい天澤退二郎氏(一九三六―)から、自作詩の朗読会の招待状をいただいた。やれうれしや、現代でも朗読会が開かれるとは。

古代や中世のヨーロッパ社会にあっては、詩人や作家による新作の朗読は、「出版」という概念と結びついていた。出版にあたる英語の動詞は publish であるが、これはもともと意見や書物を公(public)にするという意味であり、印刷術を用いて同一作品を多くの部数で一度に出版する以前から存在した。作者が自作を原稿から朗読し、そこにいるパトロンから転写の許しを頂戴することが、近代以前の出版形態だったといってよい。例えば、一二世紀のイングランド王ヘンリー二世に仕えた歴史家の司祭ギラルドゥス・カンブレンシス（ウェールズのジェラルド）は、ジョン王子に随行した体験をもとに、一一八八年に『アイルランド地誌』（青土社、一九九六）を完成した。まもなく彼は、大学制度の芽が出始めたオクスフォードで、三日間を費やしてラテン語原稿を読み続けた。現存する写本には「本文を朗誦する前に」という序文と、「ヘンリー二世陛下へのご挨拶」という第二の序文が付されている。現代人の目から見れば、同書はヨーロッパの驚異文学の一つとしてしか映らないかもしれない。しかしギラルドゥスの出世欲と並んで、書物の朗読による出版という中世的なシステムを明らかにしてくれるものである。

写字生の仕事場

写字生ジャン・ミエロ

活版印刷術が普及する一五世紀後半まで、ヨーロッパの書物生産は手作りで進められていた。写字生が連日与えられた作品を丁寧に筆写していたのである。写本には、キリストの言行を記録した四人の福音書記者、ヒエロニムスに代表される教父たち、作家や詩人が描かれるが、稀に筆写することを生業とする写字生も登場する。

ブリュッセルにあるベルギー王立図書館所蔵の中世写本九〇九二番(「主禱文解説」)の第一葉に、編集者兼写字生であったジャン・ミエロを、ブリュージュの写本装飾画家ジャン・ル・タヴェルニエが描いた有名な挿絵がある。一四五〇年頃の作品と言われている。この絵で描かれているのは、ブルゴーニュ公爵に本を贈るミエロの姿である。

そして同図書館所蔵の中世写本九二七八―八〇番では、写本に打ち込むミエロの様子が確認できる。さほど広くない室内にあるのは、左側のカーテンが半開きになったベッドと中央の仕

ブルゴーニュ公爵に本を献呈するジャン・ミエロ．15 世紀，ベルギー王立図書館蔵

事机、それに右側の暖炉のみである。これは現代の貧しい留学生がイギリスの下宿先であてがわれる三点セットと同じで、ベッド、机と暖房という基本的な組み合わせの一室に相当する。知的な仕事に勤しむ場が古今を問わず同じだというのは興味深い。左右に雨戸が開かれた窓と、鉛格子ガラス入りの小窓から入ってくる光の量はたかが知れている。ブリュージュという北ヨーロッパの都市であってみれば、なおさらであろう。室内にはランプや蠟燭といった、人工的な光を用いた形跡は見られない。必然的に、仕事は明るい日中のみに限られていた。ちなみに

中世では蠟燭はかなり高価なものであった。床には模様かモノグラム（イニシャルの組み合わせ）入りのタイルが敷かれている。ミエロの足下にはマットが敷かれているが、絨毯などはみられない。けっして暖かくは見えない室内の雰囲気をより寒々と感じさせるのは、火種がほとんど燃えつきた暖炉である。要するに、このミニアチュールは、写字生が経済的に逼迫した状況にいるさまを描いているのである。これを証明するのは、写字生の腰に見える立派な巾着である。巾着の口は大きく開いているものの、中には一文も入っていないことが一目瞭然である。

写本の転写に励むミエロ．15 世紀，ベルギー王立図書館蔵

実際にミエロが赤貧洗うがごとき生活を強いられていたかといえば、そうともいえない。写本制作を依頼してくる有産階級の顧客のふところ具合を見透かして、ミニアチュールを用いてこの種の訴えをするのが、中世の写字生や装飾画家の常套手段だったからである。写字生だけではない。文学的パトロンの下でものしていた作家も同様のこ

とをしている。たとえば、一四世紀の詩人ジェフリー・チョーサーには『財布への恨み唄』と題する短詩がある。振り向いてもくれない高貴な女性に向かって切々と愛を訴える、伝統的な「恨み唄」の形式を借りて、チョーサーは「他のだれでもない、我が財布よ、あなたにお恨み申す、あなたは愛しい奥方同然、あなたが尻軽になってしまって残念至極、わたしの気持ちも重く沈みっぱなし……」とみずからの貧困を嘆き訴えたのである。パロディには違いないが、生活苦が滲み出た小品といえよう。また大作『カンタベリー物語』の数ある現存写本の中でも、デヴォンシャー公爵旧蔵写本(イェール大学バイネッケ稀覯書写本図書館蔵)の冒頭の飾り文字には、詩人か写字生が腰の巾着を指さす姿で描かれている。これなどもパトロンに向かって、写本転写の謝礼を上げてくれるように暗に訴えかけていると解釈することも可能である。

机、書見台、羊皮紙

写字生ジャン・ミエロの仕事ぶりに注目しよう。上下二段になった不安定な机の足下を、彼は左足でしっかり押さえつけて、動かないように工夫しているのが見える。中世の写本に見られる書き物机には、必ず角度がつけられていた。現代でいえば製図用の机だと思えばよい。中世の鵞ペンにせよ、製図用の烏口にせよ、急斜面の机でないと、インクをうまく保持することができないため、インクがボタ落ちして羊皮紙や製図用紙を汚してしまう結果となるのである。

左：エドワード・ジョンストン（1902）
右：ジョンストンのカリグラフィー
Peter Holliday, *Edward Johnston: Master Calligrapher* より

実際、二〇世紀初頭の現代カリグラフィーの元祖ともいえるエドワード・ジョンストン（一八七二―一九四四）などは、熟練者には机の平面より六〇度の角度をもつ傾斜が最も書きやすいとしている。ただし、このミニアチュールの机の角度はさほどではない。

上段の書見台には冊子体の写本が開いたまま置かれている。上から紐で吊された重しが、開きにくい羊皮紙を平らにするのに効果がある。大英図書館でも、オクスフォードのボドリー図書館でも、ニューヨークにあるピアポント・モーガン図書館でも、写本室では、中世写本や貴重書はこのような角度のついた書見台に乗せて閲覧しなければならない。おそらく本の背の部分が破損するのを防ぐためだと考えられる。

写本を開いたままにする工夫としては、書見台の手元の部分に穴を開けて棒を差し込んで止めるか、手頃な石で押さえつけるか、または先ほどのミニアチュールに見られるような重しを用いるといった方法がある。昨今ではウレタン・フォームで制作した柔らかい書見台に重い書物を乗せ、スネークと呼ばれる鎖で開いたページをおさえるやり方もある。ことのついでにいえば、ピアポント・モーガン図書館写本室の閲覧机には「あなたが扱っているのは人類の遺産です。云々」と書かれた注意書きがあり、装飾写本を調べる際には、驚くなかれ「写本の上に乗り出すべからず、やむを得ず乗り出すときは息を止めるべし」とあった。

さて下段の書き物机には、製本されていない帖単位の羊皮紙が置かれており、ここで、上にある写本を手本として転写するのである。小さな重しが上から吊されて、転写部分を邪魔したり汚したりしないように、羊皮紙を押さえている。

書き物机の右上には四つの小さな穴が開けられて、その一つには鵞ペンが入れられている。またその下には縦に三つの大きな穴が開けられて、一番下の穴にはインクホーン(inkhorn)が挿入されている。インクホーンには通常、牡鹿や牡牛の角が用いられた。これは中が空洞で、先が尖っているため、書見台の穴に取り付けるインクホーンには最適だったという。ちなみに、ほとんど書き言葉の中にしか用いられない難解で気取った英語の表現を、一六世紀の英国人がinkhorn-termsと呼んだのも、このインクホーンに由来する。なお、現代の吸い取り紙の代わりに中世では砂が用いられたので、書き物机によっては砂箱が置かれている場合もある。

仕事机のそばには小さな机があって、そこにも開いた写本が置かれている。ミエロは、書見台にある写本を手本としながらも、必要な場合には、横に置いた他の写本の本文をも随時参考にして、転写の仕事を続けていったのかもしれない。

ペンとペンナイフ

写字生が右手にもっているのは筆写用の鵞ペンである。我々が一八世紀以前のヨーロッパを舞台にした映画を見ると、手紙や文書を書くのに鵞ペンを用いる場面に出会うが、たいていは白い羽がついている。鵞ペンならば当然と思われるだろうが、この絵を見ればそうではないことが分かる。使い勝手のよさを求めた職業的な写字生は羽の部分をすべて取り除き、また長さも実際より短く切って用いていたのである。現代のカリグラファーもまた同じで、上述のジョンストンの愛用した鵞ペンも、やはり羽はついていないため、決してロマンをかき立てる光景ではない。

鵞ペンの先は、鉄製のつけペンと同じで、縦に溝を入れてインクを保持し、流れをよくしている。しかし金属ではない鵞ペンの先端は、筆写していれば自然に摩耗してしまう。このときペン先を再び鋭角に切り揃えるのに用いられるのが、ペンナイフである。現在でもペンナイフとして知られる小型の懐中ナイフの語源はここにある。そしてこのペンナイフこそ、写字生が左手にもっているものである。

こう説明してくると、中世の写字生はいつも右手に鵞ペンを、左手にペンナイフを握って転写に携わったと思われるかもしれない。たしかに彼らがこういった姿で写本に描かれているのは事実である。しかし実際にこんなスタイルで転写するのは、むしろ不自然である。だいたい、一度先端を切り揃えた鵞ペンで、かなりの行数の本文の転写が可能であったことは、特に素人が転写した本文を子細に検討すると見当がつく。文字が少しずつ太くなっていくからである。一方、さすがに一流の写字生はそれをなかなか悟らせないことが多い。結論として言えるのは、ペンとペンナイフを同時にもった姿とは、写字生を象徴するモティーフに過ぎなかったということである。

こうした写字生の姿は多くの写本に見られる。パドヴァの大聖堂参事会図書館にある一二世紀の福音書聖句集の写本の余白では、僧侶姿のイシドールがテクストを書いているが、左手にもつペンナイフは誇張して描かれているためほとんど鎌に見えるほどである。またミュンヘンのバイエルン州立図書館が所蔵する、同じく一二世紀の写本、Clm 九五一一番の第一二葉裏には、大文字のSを書いている写字生の愛嬌ある姿が描かれているが、彼は左手にペンナイフではなく、角でできたインクホーンを握っている。

左：イシドール，12 世紀，パドヴァ大聖堂参事会図書館蔵
右：写字生の愛嬌のある姿，12 世紀，バイエルン州立図書館蔵

さてミエロの仕事場の左隅にはトランクが置かれていて、蓋が開いているため、中に無造作に入れられた冊子体の書物や巻物が見える。これらの装丁には、まだ金箔は使用されておらず、この時代に特有な空押しである。トランクの前に立て掛けられた二冊の書物には、留め金が見える。映画『薔薇の名前』でも分かるように、中世では図書館でさえ、今日のように書物の背をわたしたちのほうに向けて並べるという習慣はなかったといってよい。横に寝かせておいたり、長持ちのような貴重品箱に入れて保存する場合が多かったのである。

ジャン・ミエロのような写字生が仕事をして写本を完成させるまでには、多くの人々の協力を必要とした。獣皮をなめして羊皮紙を作り帖単位で準備する人、インクを製造する人（調合の比率を誤ると、本文はすぐに変色した）、また鵞ペンや転写の見本となる写本を供給する人物である。それだけではない、転写し終わった本文を原文と照合する人(collator または corrector)、本文に朱字部分を書き入れる人(rubricator)、装飾する人(illuminator)、そして製本する人が必要であった。『薔薇の名前』に見るまでもなく、修道院や大学ではこういった仕事は分業で組織的に行われていた。

マシュー・パリス

中世の写字生の多くは、他の創造的な仕事に携わる芸術家や工芸職人と同じく、その名前や経歴はほとんど知られていない。そんな中で、一三世紀のイギリスで隆盛を誇ったセント・オールバンズ修道院で、年代記作家や写字生として活躍したマシュー・パリス(一二〇〇頃—五九)は希有な存在であった。彼が転写した写本はかなりの数で現存し、中には自分自身を描き込んだ挿絵もある。

オクスフォードのボドリー図書館のアッシュモル写本三〇四番、ベルナルドゥス・シルヴェストリスによると思われる運勢占いの著書『実験の書』の第三一葉裏には、ソクラテスとプラトンの姿をパリスが描いた挿絵が見られる。傾斜がついた書写台で、ソクラテスが鵞ペンをインク壺につけて、これから文章を書き出そうとする図である。例によって、彼の左手にはペンナイフが見える。このソクラテスを背後から覗き込んでいるのがプラトンである。二人の上にはそれぞれ名前が記されているが、ソクラテスの名前が大文字のSで始まっていることから、二人の間での優劣順序が一見して分かる。

ソクラテスやプラトンの時代に、こういう形式で写本制作に携わったかどうかははっきりしないし、この挿絵が時代錯誤の所産であることは疑いない。重要なことは、中世ヨーロッパにおいては、ものを書く人物を表現するには定められた描き方と意味があったということであろ

上：マシュー・パリスは，聖母子像の下に自らの姿を描き込んだ．13 世紀，大英図書館蔵
下：マシュー・パリスによるソクラテスとプラトン．13 世紀，ボドリー図書館蔵

写本室で転写するジャン・ミエロ．15世紀，フランス国立図書館蔵

う。なお、ペンナイフはペン先を尖らすためだけでなく、誤写部分を削ぎ落とすため、また転写中の羊皮紙を押さえるためにも用いられたことを付け加えておこう。

マシュー・パリスが中世で名を残した数少ない写字生だったとしたら、一五世紀のジャン・ミエロはなぜ名前が知られているのだろうか。一五世紀後半のヨーロッパで、経済の面でも文芸の面でも栄華をきわめていたのは、ブルゴーニュ公国である。とりわけその都ブリュージュを中心に装飾写本の生産が活発であった。この公国の支配者フィリップ善公に仕えていたのがミエロであった。名前が知られて当然の高い地位にいたのである。しかも作家であり、翻訳家でもあった。印刷業者ウィリアム・キャクストンや写字生で印刷も手がけたコラール・マンシオンと関係があったとも考えられる。それゆえ、ミエロが爪に火をともすような生活をしていたとは考えられない。

パリのフランス国立図書館のフランス写本九一九八番は、このミエロが一四五六年にハーグで転写を完成させた写本であるが、その第一九葉表にも写本室の様子がミニアチュールとして描かれている。室内に見える書棚の扉や、二段構えの仕事机には、凝った装飾用レリーフがふんだんに施され、前に解説したミニアチュールとは異なる豪華な雰囲気を醸し出している。壁にはインクホーンが、机の横にはインク壺が見える。ここでのミエロは、冊子体の写本から巻物(『聖母マリアの奇跡』だとされる)に転写しているようであるが、やはり左手にはペンナイフが見られる。ただし、このペンナイフのもち方からすると、ナイフの柄は羊皮紙を平らに安定させる目的で用いていたのかもしれない。

回転式書架のイコノグラフィ

頑丈な製本

欧米の図書館にあって、我が国の図書館にないものの一つは書見台である。ケンブリッジ大学図書館でも、パリのフランス国立図書館でも、ニューヨークのピアポント・モーガン図書館でも、閲覧机にはたいてい大小さまざまなサイズのものが置いてある。とりわけ、写本やインキュナビュラなどの古い稀覯書は、どこでも書見台に置いて読むように義務づけられている。かつて勤めていた大学に新しい図書館が建設されると決まったとき、貴重書室にはこの書見台を置くように提言したが、実現しなかった。理由は簡単、我が国で図書館用備品を扱う業者のリストには書見台がなかったからである。

こういうと、日本橋にある老舗書店丸善に行けば、書見台ぐらい売っているではないかという声が聞こえてきそうだ。しかし、わたしの考える書見台とは、書斎や応接間のアクセサリーとして用いる脆弱なものではない。場合によっては、ブナや樫《オーク》の木板で装丁したフォリオ判

オクスフォード大学ボドリー図書館，デューク・ハンフリー室．『図説 本と人の歴史事典』より

（全紙を一回折りたたんだだけの大きな判型）の書物の重さに耐えるような頑丈なものである。わたしが今まで手にした最大の書物は、オクスフォード大学ボドリー図書館にある重さ二二キロのヴァーノン写本であった。揺籃(cradle)と呼ばれる巨大な書見台がそのために用意されていたほどである。

書見台をめぐる彼我の差は、書物の形態からくる歴史的なものらしい。我が国でも、背筋を伸ばして書見台の和漢書に向かう姿は目にしたことがあるだろう。だが、和綴じの本は縦に立てては並べられないほど腰が弱い。分厚い表紙で中身を守るという思想は生まれなかったのだろう。

反対にヨーロッパの冊子体の書物は、頑丈な製本で守られている。その結果、重量もかなりのものとなる。だから書物を守るために書見台に載せて読む必要がある、というのが向こうの図書館員の説明であった。この書見台はかなりきつい傾斜をつけて、書物を立て掛ける。面白いことに、すでに見たように、中世の書き物机にもジョンストンの仕事机にも斜めに角度がついていた。一五世紀の写字生ジャン・ミエロの机を思い出してほしい。写字生が転写する書き物机にも読書用の書見台にも傾斜がついていたのである。

写本と写字生

ジャン・ミエロは写字生であっただけではなく、当時もっとも栄えた商業都市ブリュージュで活躍した作家、翻訳家、編集者、そしてブルゴーニュ大公の秘書であった。ブリュージュに長期滞在したことのあるイギリス最初の印刷業者ウィリアム・キャクストンは、後にミエロの作品を出版している。

わたしは、図像化された写字生の姿を写本の中に探し出してはノートをとり続け、中世の書物に関する研究書を読み漁った。すると、同じミエロの絵の異なる解釈をJ・W・クラークの *The Care of Books* (1901) の中に見つけた。クラークは一九世紀後半にケンブリッジ大学記録係(こういうと書記のようにしか聞こえないが、きわめて高い役職である)として、*Architectural History of the University of Cambridge and of the Colleges of Cambridge and Eton* (1886, 4 vols.) などを出版した書物史では著名な学者だ。またケンブリッジ大学に関する膨大な蔵書を母校の図書館に遺贈したことで知られるコレクターでもあった。そのクラークが *The Care of Books* で、中世写本に現れた写字生の転写姿を列挙したさい、学者の部屋の例としてミエロの絵を取り上げていたのである。彼はわたしのように斜に構えた解釈はしない。すなおに(?)「暖炉で赤々と火が燃えている」といい、学者に必要なものがすべて揃った簡素な部屋と解釈するのである。なお空の巾着には言及していない。

六面回転式書見台

なるほど、見る者が違えば同じ絵でもこれほど解釈が違うのかと、見る目の歪んだ我が身を反省しながら、同書のミエロについての記述の前後を見ると、中世の図書室を描いたミニアチュールが数点掲載されている。そのうちの一枚にくぎづけになった。作品はボッカチオの『貴人の没落』、エドワード四世のためにフランドルで作られたフランス語訳写本(大英図書館蔵)の中で、図書室にいる男二人を描いたミニアチュールである。顔つきやジェスチャーから判断すると、ベンチに座って写本を読んでいる男が、左に立ったままの頭巾姿の男と議論しているようだ。面白いのは書見台である。中央の螺旋《らせん》ネジの軸で支えられ、こちらからは三面の書架が見えるところから、裏と合わせて六面の回転式書見台だと考えられる。実際確認できる三面には一冊ずつ写本が開かれたまま置かれている。これならば、一度に最高六人で読書ができるし、必要があれば書見台を廻しながら一人が一度に六冊の書物を読むこともできる。またこの書見台には、回転させることによってその高さを調節できるという長所もある。軸はぶれないように、足下のがっしりした土台に組み込まれている。そして、その土台を安定させるためには前後(左右?)に木製の出っ張りがついており、これは閲覧者の足休めになる。ちなみに中世では、螺旋ネジの軸が、製本やワイン造りに必要な万力にも用いられており、一五世紀半ばにグーテンベルクによって活版印刷機が生まれたとき、さらに重要な役割を担った。

クラークによれば、この螺旋ネジを用いて横に回転させる書見台は、フランス語でroesと呼ばれ、古くは一三六七年にシャルル五世がルーヴル宮の塔にこの家具を移す際の、大工への賃金記録で言及されているという。同書では、一五世紀写本に描かれたこの種の円形書見台をもう数例紹介しているから、当時、いかに人気を博したかが分かろうというものだ。形状は異なるが、現代でも書斎の机で用いられる、重いが頻繁に用いる辞書などを置くた

ボッカチオ『貴人の没落』に見える六面の回転式書見台．15世紀，大英図書館蔵

めの回転式書架の原点は、ここにあるように思われる。

さて次に、横に回転させる書見台があるなら、縦に回転させるものもあったのではないか、こう考えて文献を探してみた。実はこの問題もクラークが論じている。一九〇三年五月一一日に開催されたケンブリッジ好古学協会の例会で、副会長であったクラークは「二つのホイール机について」という講演を行い、その内容は会報に掲載された。

クラークはライプツィヒで出版されたハインリッヒ・ツァイジングの *Theatrum Machinarum*（1614–22）から車輪状の書見台の銅版画とその解説を紹介する。解説によると、多くの書物を有する人、また痛風持ちや病弱なために前後に簡単に動けない人に打ってつけだという。図版を見ると、大人の背丈より直径が大きな木製車輪の縁を、座った読者が手で動かすと、一定の角度を保った書棚が次々に現れて、そこに載せら

クラークが講演で取り上げたツァイジングの *Theatrum Machinarum* で紹介された車輪状の書見台．17 世紀

れた書物を楽に読めるというわけだ。ご丁寧にも、右端には車輪の中にはめこんだ歯車の機構が剝き出しに描かれている。こうなると科学史の専門家に登場願わねばならないが、存外正確に描かれているらしい。クラークの計算によれば、車輪に付いた書棚は全部で八つ、幅の狭い書棚には一冊ずつしか置けないから、一度に合計八冊しか読むことができない。

図書目録とヨーロッパの書物の文化

この縦に回転する書見台は、愛書家が夢見るだけで、とても実現は不可能ではないかと思うが、そうでもない。クラークはこの理論を実践に移した書見台を、イギリスとフランスから各一例、ドイツから二例紹介している。いずれも実際に使用された形跡があり、少なくとも二〇世紀初めには存在していたのである。おそらく現在もあるだろう。

まず、イギリス東海岸の観光地グレイト・ヤーマスの聖ニコラス教会にある回転式書見台は制作年代不詳だが、片方にしかない車輪内のからくり機構は銅版画とほぼ変わらない。ただし、実用性を高めるために、車輪は直径一メートル強と小さいかわりに、六枚からなる書棚と幅はずっと広く、一度に多数の書籍を載せることができる。すべて樫《オーク》製で、金属はいっさい使用していない。

パリのアーセナル図書館にある回転式書見台は、外観こそ大いに異なるが、理論は同じである。車輪は長さ一メートル弱の十字架状になり、外枠には凝った彫刻や装飾が施されている。フランス革命後には存在していたというが、やはりその制作時期は分からない。なお、クラークの要請でこの書見台を調べてくれたのは、図書館長のアンリ・マルタン(一八五二―一九二七)だったそうだ。

クラークは縦の回転式書見台の所有先として、ドイツのヴォルフェンビュッテルとヴェルニゲローデの図書館を挙げている。いずれも大部な図書目録を置くために作られた。前者は制作年代が限定できる点で重要である。アンソニー・ホブソンの *Great Libraries* (1970)には写真が掲載されている。六角形の車輪をもつこの書見台は、ブラウンシュヴァイク＝リュネブルク公家のアウグスト公爵(一五七九―一六六六)の注文で作られた。

優れた戦略家であった公爵はまた並外れたコレクターだった。図書館の充実のために蔵書を

アウグスト公爵の書見台．17 世紀，*Great Libraries* より

増やしていった。彼はオリジナルの装丁をよしとしたため、多くのゴシック装丁が再製本されることなく生き残った。そして公爵は自ら、購入した書物の背にカリグラフィックな特徴をもつ筆跡で標題を書き込んでいった。また自らフォリオ判四巻、各巻数百ページ以上からなる蔵書目録まで準備したのである。さすがに五九〇〇ページ目を完成させた後は、その仕事を秘書に任せたという。詳細な標題、出版地、出版年だけでなく、他の版にまで相互参照を盛り込んだこの目録は、詳しさという点で、当時としては右に出るものはなかった。回転式書見台は、この大型本の目録を収納し、使いやすくするものだったのである。

ホブソンによると、この書見台のモデルはイタリア人技師アゴスティーノ・ラメッリが著作*Le Diverse et Artificiose Machine*（1588）で示した図版であるという。

ラメッリの書見台．16 世紀，
Great Libraries より

おそらくクラークも知らなかったこのラメッリの著作中の書見台とツァイジングのものとを比べてみると、両者が酷似していることに気付く。時期から推測すると、後者は前者をコピーしたものなのだろう。なるほど、ラメッリの銅版画の方がより丁寧に準備されている。

こうして、イタリア人の発案で一七世紀以降ヨーロッパで生産されるようになった縦に回転する書見台が、イタリアでは一台も記録されていないというのは不思議な話である。

古典の再発見とルネサンスの矛盾

ポッジョ・ブラッチョリーニ

一つの文化が次の文化に移行する際には、かならず傑物が現れる。書物の歴史においても同様である。まず紹介するイタリアの人文主義者《ユマニスト》、ポッジョ・ブラッチョリーニ（一三八〇―一四五九）もその一人であろう。

彼は職業的には学者、写字生、そして教皇の秘書だったが、こういった分類では表しきれない存在であった。教皇秘書の立場をうまく利用し、長年にわたって古い写本を捜し求めてヨーロッパ諸国を行脚した結果、何世紀にもわたって顧みられなかった多くの古典作品の写本を発見した。現代の研究者なら、一生のあいだに、一つでも未刊行作品の写本を発見できれば万々歳だが、ポッジョの場合はそもそも規模が違う。

ポッジョが発見したもっとも有名な古典は、ルクレティウス（前九九頃―前五五頃）の『物の本性について』であろう。これは、一四一七年、コンスタンツ公会議において、教皇の秘書官として仕えていた当時、ポッジョがドイツで発見したもので、ルクレティウスの唯一の著作として知られている。また、ザンクト・ガレンの修道院では、ローマの雄弁家で修辞家であったクインティリアヌス(三五頃―一〇〇頃)の『弁論家の教育』完全版を発見している。これまでこの本は、不完全な写本しか知られていないものであった。ポッジョは、「説明するにも時間が足りない、それほど膨大な量の本の中で、我々はカビと埃で汚れているが、まだ無事なクィンティリアヌスを発見した」と手紙を残している(P. W. G. Gordan, *Two Renaissance Book Hunters*, 1974)。

その他、キケロ(前一〇六―前四三)、趣味の審判者といわれた政治家にして風刺作家、ペトロニウス(生年不詳、六六没)、ローマの建築家ウィトルウィウス(生没年不詳)などの、それまで知られていなかった作品を、ドイツやフランス、あるいはスイスの図書館――たいていは修道院の図書館で埃を被っていた――で発見した。

中世後期には、何世紀も前に転写され、書体もその当時とは異なる古めかしい、古典作品の写本に関心を示す学僧はほとんどいなかった。一五世紀はじめ、コンスタンツ、バーゼルで開催されたカトリックの高位聖職者が集った公会議はこのことに危機感をおぼえ、ポッジョら聖職者と折り合いのよい人文主義者たちに写本渉猟の機会を提供したのである。

これを好機と捉えたポッジョは、そのほか、アンミアヌス・マルケリヌス(三三〇頃―三九五頃)、ウァレリウス・フラックス(生年不詳、九〇頃没)などの古典作家を並外れた嗅覚で発見した。「ポッジョの本能は、豚がトリュフを探し出すように、的確な判断で狙いを定めた（略）彼の獲物は驚異的なものだった」（J. H. Plumb, *The Italian Renaissance*, 1961）。その後、ポッジョはイングランドにまで足を延ばしたが、彼が訪れたこの地の図書館ではさほどめぼしい写本を発見することはできなかったという。

一四〇〇年頃、ポッジョはフィレンツェで働いていたが、〇三年にはローマで教皇の写字生となる。彼は自分自身で転写したり人を雇って転写させたりした写本を、職人の都フィレンツェに送って装飾させ、製本させた。写本を転写する相手のパトロンには、美しい筆記体を操る写字生でもあったニッコロ・ニッコリ（一三六四―一四三七）、コジモ・デ・メディチ（一三八九―一四六四）がいた。もちろんコジモは、他の人文主義者のパトロンでもあった。ポッジョの写本発見は、二人の教皇ニコラウス五世（在位、一四四七―五五）とカリストゥス三世（在位、一四五五―五八）が、ヴァチカン図書館設立（一四四八）に向けて珍しい写本を収集する動きに結びついていく。特筆すべきは、五三年のコンスタンティノープルの陥落後、ギリシャ古典の写本が次々と収蔵されたことである。これらは写字生たちが各種のチームを組んで、長い時間をかけて転写することになった。

後世にまで影響を与えることになるポッジョのもう一つの貢献は、古い書体の復活だった。彼は古典作品の転写にあたって、九世紀生まれのカロリング体に範をとった古めかしい書体、いわゆるヒューマニスト体を採用した。ポッジョが創始者であったかどうかについては議論が分かれるところだが、初期の普及者であったことに疑いはない。この書体こそ、現在も世界中で用いられている小文字ローマン体の原型なのである。中世写本の角張って読みにくい書体をゴシック――つまり「ゴート風の」「野蛮な」――と呼んで軽蔑する一方で、ゴシック体の前に存在したカロリング体を、イタリア古来の書体だといささか手前味噌に解釈して、これを蘇生させようとしたのである。ポッジョが署名し、一四〇八年の日付をもつキケロ『アッティクス宛書簡集』の写本(ベルリン国立図書館蔵ハミルトン写本一六六番)は、ヒューマニスト体で転写されている。奥書に写字生が自ら名前を記す習慣は、中世ゴシック写本の時代にはほとんどなく、イタリア・ルネサンスの個人主義の萌芽とみなしてもよいだろう。またヒューマニスト体を用いた最古の写本は、一四〇二―〇三年にポッジョが転写したと思われるサルターティの『謙遜について』だという。

ポッジョが発見したキケロ、クィンティリアヌスらの作品が、一五世紀にはイタリアの人文主義者たちにとって、教育改革の基本的な案内書として認められたことも重要である。もっと

luis periculo conseruauerit· illum filium esse meminerit·
Quapropter de summa salute uestra populiq. r. de uestris con
iugibus ac liberis· de aris ac focis· de fanis atq. templis· de
totius urbis tectis ac sedibus· de imperio ac libertate· de sa
lute italiae· de uniuersa r. p. decernite diligenter ut insti
tuistis ac fortiter. Habetis eum consulem qui et parere ue
stris decretis non dubitet· et ea que statueritis quoad ui
uet defendere et per se ipsum prestare possit.

FINIS. LIBRI. SCRIPSIT. POGGIVS.
.ROMAE.

キケロによる「カティリーナ弾劾演説」のうち，前 63 年の第 4 演説をポッジョが筆記したもの．1425 年，ロレンツォ・メディチ図書館蔵

もアルプス以北でその真価が認められたのは、一六世紀になってからで、ロッテルダムのエラスムス(一四六六—一五三六)や、ルーヴァン大学で教えたスペインの人文主義者ビベス(一四九二—一五四〇)らに負うところが大きい。

晩年のポッジョは視力の衰えからさしもの転写仕事から身を引いて、文筆活動に勤しんだ。彼の著書の中でもっともよく知られているのは『滑稽譚』である。これはフランス北部で生まれ、中世で好まれた説話集「ファブリオー」の伝統を引き継いだ二七三のいささか猥雑な、しかし教訓も交えた短編集である。一四三八年から書き始めたが、一般に公開されたのは五一年だった。死後しばらくしてから、七〇年に、活版印刷術を用いてヨーロッパ各地で出版され、当時のベストセラーの一

つとなったという。イギリス最初の印刷業者キャクストンは『滑稽譚』を仏訳で読み、その数編を英訳して八四年に出版した『イソップ物語』に挿入している。その前年の一四八三年、キャクストンは『カトーと呼ばれる書』の序論の中で、ポッジョの権威を次のように評価して同書の宣伝に利用した（N. F. Blake, *Caxton's Own Prose*, 1975）。

フィレンツェにはポッジョと呼ばれる立派な学者がいた。彼は、エウゲニウス教皇とニコラウス教皇に仕えた秘書だった。フィレンツェの市内には書物が詰まった立派な図書館があり、フィレンツェを訪れるありとあらゆる高貴な旅人が見たいと願う図書館だった。そこには万巻の立派な書、珍しい書が収蔵されていた。人々がポッジョに、そのうちの最良の書はどれか、彼が最良の書と評するのはどれかと尋ねると、彼は注釈つきのカトーこそ自分の蔵書のうちで最良の書だと考えると答えた。かくも立派な学者が本書を最良の書といっているのだから、疑いもなく本書は立派で効能ある書なのである。

（六四—六五ページ）

ニッコロ・ニッコリとコジモ・デ・メディチ

ポッジョは、古典写本の発見、北部ヨーロッパへの旅、キリスト教会の中心ヴァチカンで占めた重要な地位ゆえに、一五世紀の著名人だった。幸いなことに、彼が同じ書物蒐集家のニッコロ・ニッコリに宛てた膨大な書簡集が残っていて、わたしたちはポッジョの活動や意見について直接知ることができる。この書簡集は修辞学や手紙の書き方の手本としてもてはやされたものであった。

ニッコリもまた、優れた古典写本の蔵書を擁し、訪問者や学者の便に供したことで知られる。寛容さという点で、二人ともルネサンスの学者、蒐集家の鑑だった。ニッコリは遺言によって、フィレンツェのサン・マルコ修道院に誰でも利用できる公共図書館を作るべく、一六名の管理人に蔵書を託した。ポッジョもその一人であった。

ポッジョに負けず劣らず、ニッコリは美しい筆記体を操ったが、一方で彼らは醜悪でゴツゴツとしたゴシック体《リテラ・ゴティカ》を軽蔑していた。しかしその書体の源がカロリング体にあったことを発見し、カロリング体を人文主義者体《リテラ・フマニスティカ》、ヒューマニスト体として復活させている。これは、現在のローマン体の直接の祖先となり、その後さらに書きやすさと読みやすさが追求されて、イタリック体が誕生することになる。直接ではないにせよ、ヴェネチアの印刷業者、アルドゥス・ピウス・マヌティウス（一四五〇頃―一五一五）が開発するイタリック体のもとになり、その後、アルドゥスはこれを用いてポケット判の印刷物を世に問うことになった。

ポッジョがニッコリに宛てた書簡集は、同時代のありとあらゆる人文主義者への言及で満ちている。また二人のパトロンで友人でもあったメディチ家のコジモとロレンツォ兄弟への言及も多い。フィレンツェを中心として花開いたイタリア・ルネサンスにおいて、文芸と美術の守護神だった彼らは写本探しに夢中になり、発見された古典を賞賛した。古典文学への情熱はす

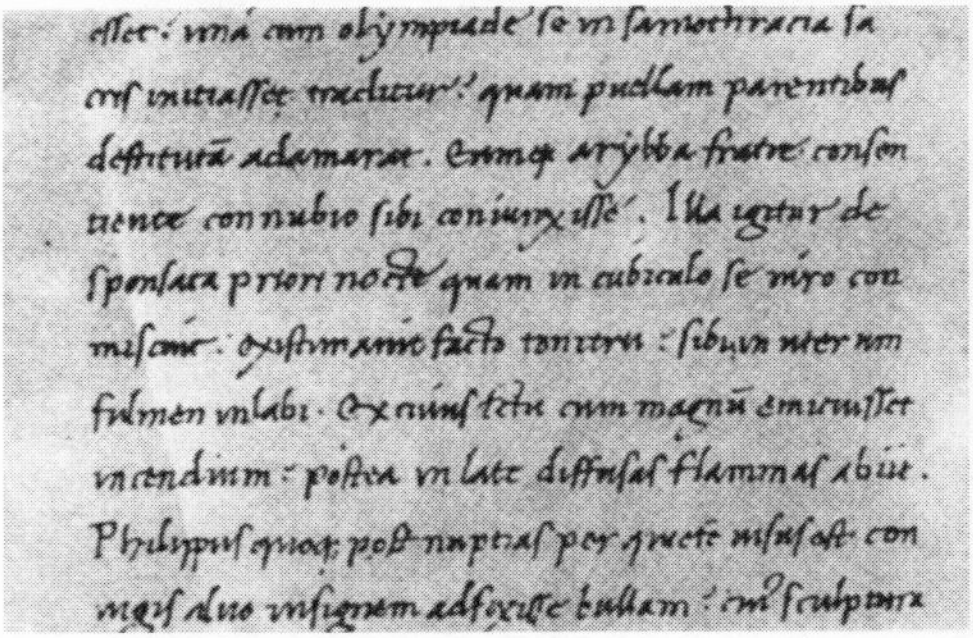

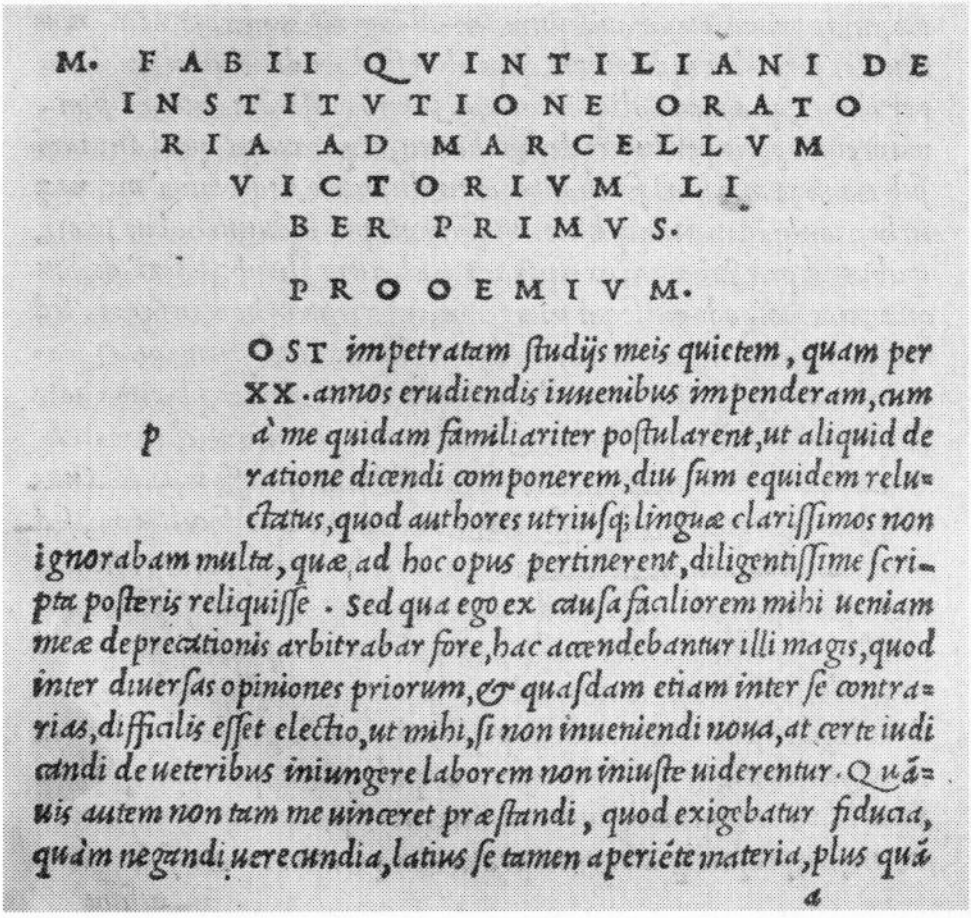

M. FABII QVINTILIANI DE
INSTITVTIONE ORATO
RIA AD MARCELLVM
VICTORIVM LI
BER PRIMVS.

PROOEMIVM.

POST impetratam studijs meis quietem, quam per XX. annos erudiendis iuuenibus impenderam, cum à me quidam familiariter postularent, ut aliquid de ratione dicendi componerem, diu sum equidem reluctatus, quod authores utriusq; linguæ clarissimos non ignorabam multa, quæ ad hoc opus pertinerent, diligentissime scripta posteris reliquisse. Sed qua ego ex causa faciliorem mihi ueniam meæ deprecationis arbitrabar fore, hac accendebantur illi magis, quod inter diuersas opiniones priorum, & quasdam etiam inter se contrarias, difficilis esset electio, ut mihi, si non inueniendi noua, at certe iudicandi de ueteribus iniungere laborem non iniuste uiderentur. Quamuis autem non tam me uinceret præstandi, quod exigebatur fiducia, quàm negandi uerecundia, latius se tamen aperiēte materia, plus quā
a

上：ニッコリの筆跡．Berthold Ullman, *The Origin and Development of Humanistic Script* より．イタリック体の原型となった
下：アルドゥスが印刷したクィンティリアヌス『弁論家の教育』

さまじかった。メディチ家が関係する銀行は、ヨーロッパ中で発見された写本を買い上げるための、また転写する写字生を雇うための資金を潤沢に提供した。ニッコリが蔵書をフィレンツェの市民に遺贈したとき、コジモは筆頭管財人としてその面倒をみたし、他の管財人たちから全権を委任されると、ミケロッツォ・ディ・バルトロメオ(一三九六―一四七二)がデザインした建物(サン・マルコ修道院図書館)に蔵書が収められるのを見届け、そして蔵書をさらに充実させた。

活版印刷本の出現

ポッジョが生きた一五世紀前半はある意味で現代とよく似ている。ポッジョは旺盛な探究心とコミュニケーションへの関心をもって生きたが、印刷術という新しいメディアは既存の方法論や思考形態を変化させた。大航海時代が到来し、国際政治が混沌とした時代でもあった。

こういった時代の中でルネサンスは進行していく。これを推進したのが一四五〇年代半ばに出現する活版印刷本だった。印刷術がほぼヨーロッパ全土に広がり、書物の大量生産に拍車がかかった。一五〇〇年までに出版された初期印刷本(インキュナビュラ)は、内容的にはキリスト教会のための聖書や宗教書が全体のほぼ半数を占め、それに貴族を読者とする文学書、実際に法廷や現場で用いる法律書、大学の講義に用いる科学書などが続いた。言語的にはラテン語が

デューラー《エラスムスの肖像》
1526年

主流であったが、時代を経るにしたがってイタリア語、フランス語、ドイツ語などの自国語による印刷本が増えていった。

一方、イタリアでは人文主義者たちが、ポッジョらによって再発見された古代の文献や、コンスタンティノープル陥落以後にギリシャからもたらされたギリシャ語写本を集めて、本文校訂の仕事に着手した。文献学はこうして誕生する。ヴェネツィアのアルドゥスらは、優れた古典テキストの刊行を目指していた。

情報爆発の時代へ

本が読まれない、本が売れないという嘆きの声が多く聞かれる昨今だが、印刷本の総発行部数は一五世紀末にすでに二〇〇〇万部を突破していたと推定する研究者がいる。当時のヨーロッパの人口、とりわけさほど高くない識字率を考えれば、これは驚異的な数字である。それでも一六世紀半ばまでは旧式な手書き写本も生産されており、印刷本とともに新旧のメディアが共存していたとみなす考え方が支配的である。

一六世紀半ば、ヨーロッパで生み出された印刷本の発行部数は、インキュナビュラの数倍ないし一〇倍にも達したと考えられる。一方、印刷術は書斎での個人的な読書を可能にしたので、一六世紀になると判型は小さくなった。アルドゥスがイタリック体を用いて印刷出版に成功したポケット判叢書はそのよい例である。ルネサンスの学者の書斎を描いた絵画では、書見台も書物も概して小型である。

蒐集家を揶揄した『阿呆船』の挿画. 1509 年

この時代、人文主義者が再発見したギリシャの古典は印刷されて、次々に世に送り出されていった。同時に大航海時代の地理上の発見に関する情報は印刷本として発売されると、たちまちベストセラーとなった。そして宗教改革も対抗宗教改革も情報合戦の様相を呈していく。新旧のキリスト教会による宗教戦争の武器となったのは、印刷された冊子や本である。さらに次々と各地に誕生した大学では、教科書として多数の印刷本が必要となった。出版物が溢れる世の中では、中世の作品はほとんど忘れ去られてしまう。ルネサンスをかいくぐることができたのは、数えるほどだった。

情報過剰は一六世紀の知識人にいかなる影響を与えたのだろうか。アンソニー・グラフトン(一九五〇―)は、プリンストン大学図書館が所蔵する資料を駆使して、北大西洋航路の発見がヨーロッパ近世の学問や文化にいかなる影響を与えたのかを証明してみせた(展覧会「新世界と古典作品――伝統の力と発見の衝撃」一九九二年九月―九三年一月、ニューヨーク公共図書館)。

グラフトンは、すでに見た回転式書架について情報過多な時代への一つの対処法であったと説き、ラメッリの言葉をひきながら、「これを手に入れれば、その前に座っているだけで、何冊もの本を駆使して仕事ができた」と論じている。そしてさらに、コンラート・ゲスナー(一五一六―六五)による書誌学的分類や索引が別の対処法であったという。ゲスナーは書誌学の父とも呼ばれる、スイスの医師・博物学者であるが、例えばキリスト教の信仰をもつ古今の著者をアルファベット順に並べその著作を網羅した。体系的に情報を得たいと考える読者にとっては、これは便利な道具であったはずである。しかしそれをもってしても、読者に示しえたのは歴史や神話や科学への入り口でしかなかったのだろう。地球上に存在する動物も、存在しない動物も網羅した『動物誌』が象徴的だが、こうなると、書物は矛盾と考えられる体験、引用文、検証の山になってしまう。そこではただぐるぐると渦巻くだけで秩序はなく、安定した軌道に乗るだけの物理的・心理的な推進力も働くことはない。

新世界、そしてそこからもたらされる科学や医学など、情報の多くは、アリストテレスやプリニウスなど古代の作家たちが描写した世界とはかなり異なっていた。たとえば、イエズス会士のホセ・デ・アコスタ(一五四〇―一六〇〇)はインド諸島に向かったときの体験を次のように証言する。

哲学者、詩人たちが熱帯について力説しているところを読み知っていたから、私は、赤道に着いたら、恐るべき暑さにがまんできなくなるだろうと思いこんでいた。ところが事実はぜんぜん反対で、赤道通過の最中に、寒くて寒くて、からだを暖めるため何度も日なたに出たくらいだった。しかも時は三月、太陽は頭上の白羊宮を運行していた。白状するが、私はアリストテレスの気象論や哲学を嘲笑し、軽蔑した。彼の原則にしたがえば、あらゆるものが熱し、火となるはずの時と所において、私の同僚も、みな寒さを感じたのだから。ほんとうのところ、世の中に、赤道の下ほど温暖の地はない。

(『大航海時代叢書Ⅲ 新大陸自然文化史 上』岩波書店、一九六六、一九四ページ)

かくして、あれほど人文主義者たちが情熱を込めて掘り起こし、印刷術によって流布した古典や記述の妥当性に、矛盾やかげりが見えるようになったのである。これは由々しきことであった。なぜならば、中世人にとって最高の権威は聖書であったが、ルネサンス人にとってのそれは、古典だったからである。その古典の権威がいまや揺らぎつつあった。

昔から存在した二つの思想――懐疑主義と禁欲主義――は一五六〇年代になるとはっきりと台頭してきた。矛盾こそ、人間の知識が一部、あるいはまったく誤りを免れ得ないことの証と認識していた懐疑主義者は、賢者なら家を離れず庭を耕す方がましだと主張するまでになった。グラフトンは「一五五〇年から百年の時間をかけて、西欧の思想家たちは古代の書物を開けば重要な真実が見出せるとの信仰を止めた」とまで断言する。

フランシス・ベーコンが『新機関《ノヴム・オルガヌム》』(一六二〇)で、活版印刷術、火薬、羅針盤をヨーロッパに近代をもたらした三大発明としたことはよく知られている。しかし、印刷術によって流布した古典の知識と、羅針盤の使用で発見された新世界からもたらされた知識に矛盾をきたし、その結果、懐疑主義に陥っていくさまはルネサンスの皮肉でもあった。

中世趣味

古典主義とロマン主義

「朝九時からの授業に遅れまいと教室に早足で急ぐ学生は古典主義者、いつもと変わらぬ歩調で歩き忍び足で入室するのはロマン主義者。さあ、君たちはどちらかな？」とわたしが問うたのは英文学史の講義の一コマだった。要するに、規範や規則があればそれに従うのが前者、規則があるのはそれを破るためと斜に構えるのが後者である。パリやローマでは道路に車線があれば、それを無視して運転し、車線が引かれていなければ秩序正しく運転するというのは、彼らが根っからのロマン主義的性向の集団であるからかもしれない。

ヨーロッパ文明の長い歴史を顧みると、古代から始まって中世のロマン主義、それに抵抗し古代に戻ろうとしたルネサンス（古典の復興）から一八世紀の理性の時代、そのアンチテーゼとして中世に戻ろうとしたロマンティック・リバイバルと、真逆の価値観が大きなうねりのように交互に現れてきたのである。

一つの例として書体の変遷について、とくに長い歴史の中で、初期の形が意図的に再生された書体について考えてみよう。

ローマ時代、碑文文字として確立したのは、均整美を誇る大文字であった(左ページ、上)。九世紀のカロリング朝の写本には、スクエア・キャピタルが用いられているが(同、中左)、これは古代ローマの栄光を賛美する明らかな表現である。碑文の影響が感じられる大文字は、上品な均衡に加えて、空間を見事に処理することで開放感を備えていた。そしてこの大文字について小文字体も出現する(同、中右)。これはヨーク生まれのアルクイン(七三五頃―八〇四)の指導のもと、トゥールのサン・マルタン修道院で実践された書体改良運動の成果であった。ヨーロッパ中の写字生たちによって模倣され、用いられたものである。

そして一五世紀初頭には、わたしたちが現在ヒューマニスト体と呼ぶ書体が登場する(同、下左)。この書体に発展させたのは、すでに見たポッジョ・ブラッチョリーニとニッコロ・ニッコリであった。彼らは北ヨーロッパのゴシック体を軽蔑し、着想の源として、初期の北イタリアのカロリング体に注目する。なお、ゴシック体は、圧縮されて重々しいウェイトがあること、鋭角な形状を持つこと、角張った文字であることなどに特徴があった(同、下右)。見識も才能もある能書家であったポッジョは、写本の筆耕に抜群の能力と器用さを示して、フィレンツェの主要な学者たちから注目されただけでなく、多くの教皇に仕えて各地の修道院を訪ね、

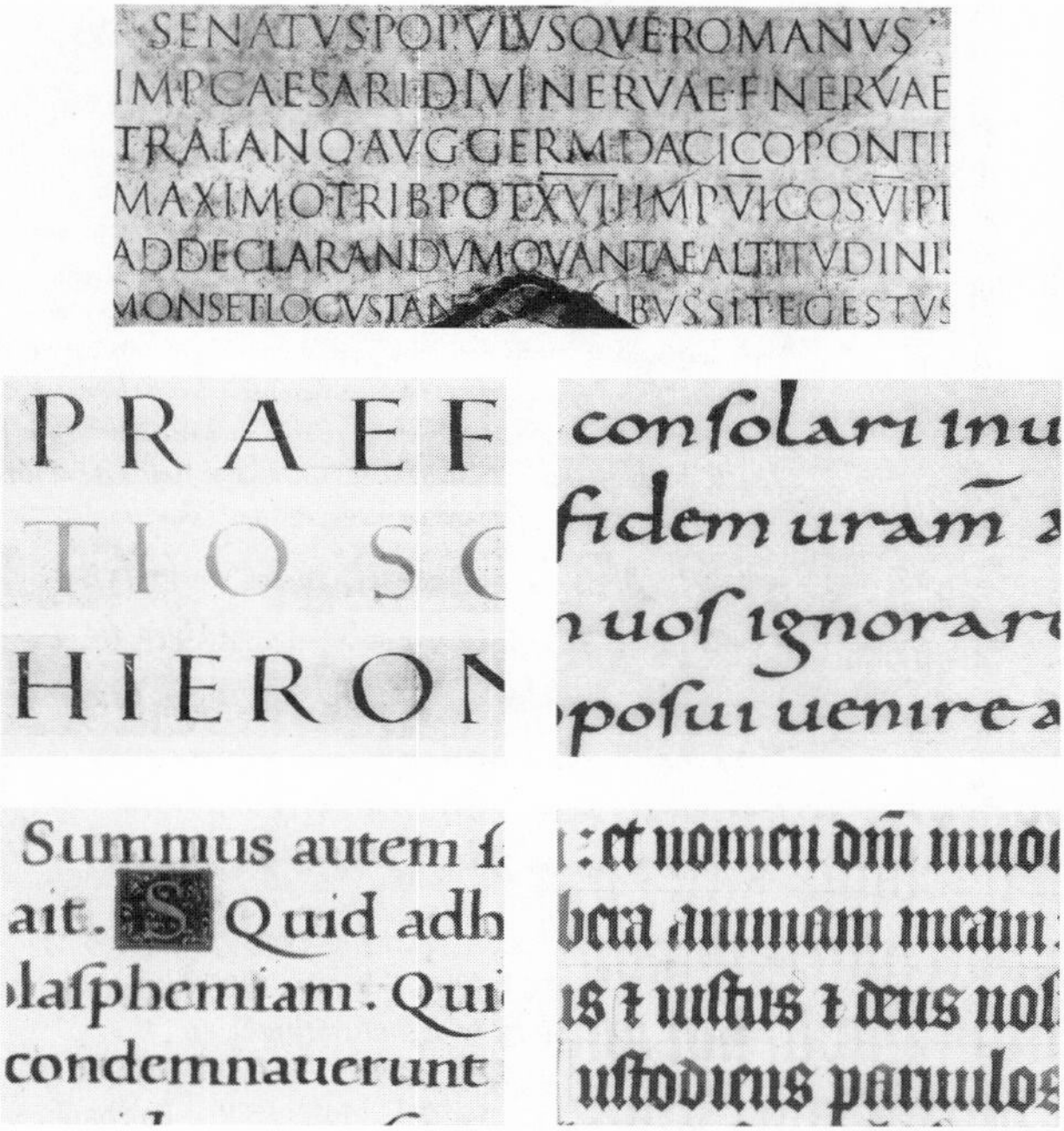

上：ローマ碑文，トラヤヌス戦勝記念碑，113 年
中左：カロリング体大文字，サン・マルタン修道院で制作された聖書の一部，830 年頃
中右：カロリング・ミニュスキュル，サン・マルタン修道院で制作された聖書の一部，834–843 年頃
下左：ヒューマニスト・ミニスキュル，1520 年頃，現代のローマン活字はヒューマニスト体の直接の子孫にあたる
下右：ゴシック・テクストゥラ，1423 年以前
スタン・ナイト『西洋書体の歴史』より

ラテン語写本を探索した。ポッジョがフィレンツェに人脈を持っており、写本で伝えられた古典がルネサンス期の思想に大きな影響を与えたこともすでに見た通りである。

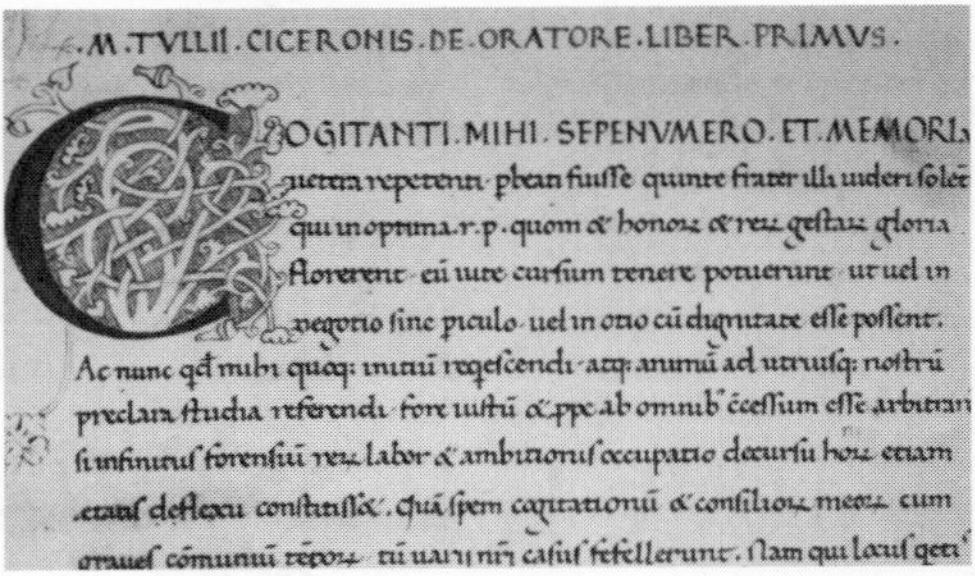
M.TVLLII.CICERONIS.DE.ORATORE.LIBER.PRIMVS.
COGITANTI.MIHI.SEPENVMERO.ET.MEMORIA

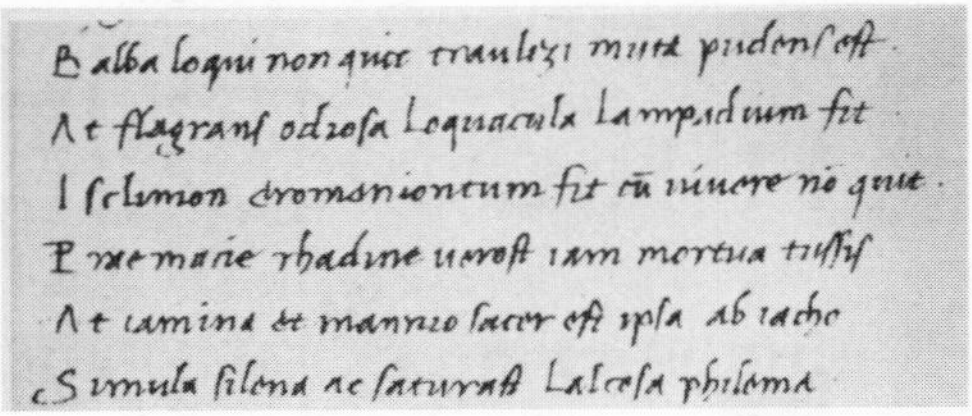
Balba loqui non quit traulizi muta pudens est.
At flagrans odiosa loquacula Lampadium fit.
Ischnon eromenion tum fit cu uiuere no quit.
Prae macie rhadine uerost iam mortua tussis
At tumida et mammosa ceres est ipsa ab iacho
Simula silena ac saturast Labeosa philema

上：ポッジョがヒューマニスト体で書いたキケロ『弁論家について』第１巻冒頭．1425 年．Alfred Fairbank, *The Story of Handwriting* より
下：ニッコリがイタリック体で書いたルクレティウス『物の本性について』。1423 年？　Fairbank, *The Story of Handwriting* より

中世の復活

「歴史は繰り返す」とはよく知られた金言である。一つの文化的な現象が次の時代に受け継がれない狭隘化《ボトルネック》現象とも言えるし、ルネサンスが中世でなく古典時代に範を求めたような振返り《ルッキング・バック》現象の結果でもある。

中世英文学を例にとれば、チョーサーの傑作『カンタベリー物語』は一五世紀に多くの写本が制作されて、広く人口に膾炙した作品である。そして印刷本の時代にも生き延びた稀有な例でもある。一六世紀後半になると、チョーサーの同時代人ラングランドの『農夫ピアズの夢』などは振り向かれることがなかった。また同様に、英語韻文、そしてフランス語散文で書かれた数篇のアーサー王物語を、一五世紀末に英語散文ロマンスとしてまとめたサー・トマス・マロリーの『アーサー王の死』(初版一四八五)は、騎士階級の人物がものしたユニークな騎士道ロマンスだった。しかし一六世紀はともかく一七世紀以降はほとんど読者を獲得することができなかった。時代が変化を迎えるその前後において、これまでの文化がすべて新しい時代にそのまま移行するかと言えば、そうではない。ここで言えば、『カンタベリー物語』は移行できたが、『農夫ピアズの夢』『アーサー王の死』はできなかった。これが狭隘化現象である。

アーサー王物語は、若きエリザベス一世(在位、一五五八—一六〇三)の家庭教師を務めた人文主義者ロジャー・アスカムが『学校教師』(一五七〇)で、「姦通と殺戮ばかり」であるため、王

ウィリアム・モリス《アーサー王とランスロット卿》1862 年

侯貴族の子女教育には向かないと非難したほどの作品だった。しかしアーサー王物語をめぐるこの状況は、一八一六年と一七年に踵を接して若者用に本文が改竄された三つの版が出現して一変する。一九世紀読者はアーサー王物語を再び読みはじめ、その振返り現象はとどまるところを知らなかった。露骨な性描写や無慈悲な戦闘描写が一掃されたからである。

若き中世主義者ウィリアム・モリス（一八三四―九六）やエドワード・バーン＝ジョーンズ（一八三三―九八）らにとって『アーサー王の死』は、聖書と並ぶ座右の書となった。一八五六年に、モリスはダンテ・ゲイブリエル・ロセッティ（一八二八―八二）と出会い、五七年にはラファエル前派の画家たちとともに、オクスフォードの中心にあるユニオン・ホール（弁論会館）の壁画を制作した。モリスは特注の鎧に身を包んで仕事場にやってきたという。ヴィクトリア朝は中世趣味一色の時代であった。猥雑なものを避け乙に澄ました倫理観がその根底にはある。モリスは身も心も中世の騎士に戻って、『アーサー王の死』に題材を得たフレスコ画を制作したというわけだ。

この時代のイギリスを席巻した中世の復活は、ネオゴシックと呼ばれて長期間にわたって支持された。とりわけ建築上のヴィクトリアン・ゴシックの様式は、海を越えてアメリカに渡り、世紀末に生まれた各地の大学建築や教区の教会建築に取り入れられた。もちろんお膝元のイギリスでは、人口の増加とともに必要となった教会の建築や装飾にもネオゴシック様式が顕著に用いられ、中世趣味の批評家ジョン・ラスキン(一八一九―一九〇〇)はこれらの装飾一つ一つが神の恩寵であるとまで考えた。

ここでわたしが学生と教員時代に四〇年以上親しんだ慶應義塾の三田キャンパスについて触れよう。一九世紀のイギリスを席巻したゴシック建築の復活は、東京のみならず日本各地に現れた。今も三田の丘に残る八角塔を持つ図書館旧館や胸壁を持つ塾監局、また東京駅丸の内駅舎の建築様式は、このネオゴシック東進の結果以外のなにものでもない。看板がないため幻の門と呼ばれたかつての正門の跡地に、二〇〇〇年に建設された東館は、自動ドアの入り口を持つにもかかわらず、その外観は中世趣味の格好の例である。一九一二年五月に竣工した三田の図書館旧館について言えば、曾禰達蔵(一八五三―一九三七)と、彼と事務所を同じくしたケンブリッジ帰りの建築家、中條精一郎(一八六六―一九三六)がともに設計したが、裏手に崖が迫っていたため、古典主義様式(ギリシャ・ローマ建築の要素を取り入れ、比例、柱式《オーダー》を中心とした装飾デザインのシステムをもつ建築様式)の要素を取り入れながらでは難しく、ゴシック様式に落ち着いたのだと設計図を広げながら説明したという。これは、娘の宮本百合子(一八九九―一九五一)が覚えていたことである。

均整美の古典主義建築の後で

眺望はよくとも急峻な立地条件に左右される例は、一九世紀後半にドイツ、バイエルン州に建造された有名なノイシュヴァンシュタイン城(文字通り「新白鳥城」)にも見られる。ディズニーランドのシンデレラ城のモデルにもなったこの城が、尖塔の位置をずらして均整美を避けたところに、ルートヴィヒ二世の中世趣味を感じる向きもあろう。

館を、エリザベス一世のイニシアルEの形の間取りに仕立て、均整美を保った古典主義的建築の後、様々な流行はあったが、一八世紀後半には尖塔を持つ城郭建築が流行する。一方ゴシック小説の舞台になるような陰鬱な雰囲気の大邸宅が中西部に建造された。『ヴァテック』を著した小説家ウィリアム・ベックフォード(一七六〇―一八四四)が一八一三年に竣工させたフォントヒル・アビーは、高い塔を具えていたため、完成までに何度も崩壊した。

そして中世の貴族を気取る「領主」たちは、フランス風の綴り、ハイフンで連結された名前を採用し、系図を作り直し、館の大広間の壁を鎧兜、槍や刀剣、鹿の角で飾り立てた。自ら騎士姿で馬上槍試合に参加することもあった。

一八三九年には、スコットランドのエグリントンでトーナメントが開催されている。これは、多くの若い貴族が熱望したもので、開設まもない鉄道で一〇万人もの人々が集まったという。準備万端整えられた会場では、サマーセット公爵夫人演じる美の女王を先頭に、全長半マイルもの艶やかな中世ページェントを思わせる行進が予定されていた。しかし始まろうとしたまさにその瞬間、空がにわかにかき曇り雨が降り出したという。豪雨のなかで、泥だらけとなった騎士たちは槍を捨て、傘を手に避難した。ゴシック様式の城内の大広間では、トーナメント終了後の大宴会が準備中だったというのに。

この様子は、当時、絶好のカリカチュアとして扱われ、大いに揶揄された。それから百年以上も経過した一九六三年、伝記作家イアン・アンストラザーは *The Knight and the Umbrella: An Account of the Eglinton Tournament 1839* で、詳しい資料に基づいてこの茶番劇を活写した。トーナメントの主催者エグリントン伯爵は当時、血気盛んな二十六歳だった。当日のプログラムには、参加する貴族と、彼らが扮する騎士の名前と役割、身に付けた鎧の詳細まで克明に印刷されていた。

なお、一九一二年七月にもロンドンのアールズ・コートで同種の馬上槍試合が開催されたことは、マーク・ジルアードの『騎士道とジェントルマン――ヴィクトリア朝社会精神史』(三省堂、一九八六）に詳しい。もっとも現代でも、夏になると週末には、ウォリック城やウォーバン・アビー（ベッドフォード公爵の館）などの芝生では、見世物として馬上槍試合や鷹狩りが実演され、客を集めている。

中世趣味の製本

本書が書物史入門を謳いながら、まだ中世趣味の書物に関する言及がないことを不思議に思う向きもあるかもしれない。この分野のパイオニアは、トマス・パーシー司教（一七二九―一八一一）であり、一七六五年に編纂した *Reliques of Ancient English Poetry*、日本では『英国古謡拾遺集』として知られるバラッド・コレクションは一七世紀写本「パーシー・フォリオ」から始まる。これはシュロップシャーの市場町に住む知人を訪ねた際にパーシーが発見したものだった。

そこの使用人は客人のために、寒い待合室を暖めようと紙製の分厚い写本を持ち出し、暖炉に火を焼《く》べるべくそれを破り始めた。これを廉価に入手したパーシーは、サミュエル・ジョンソン（一七〇九―八四）らに出版を勧められたが、灰となるはずだった本は編纂も杜撰で、多くの誤りを含んでいた。不完全な本文には手を入れたが、要するに校訂という近代的な意識が希薄だったのだろう。その恣意的な扱いに、出版後は毀誉褒貶激しく、論敵であったロビン・フッド伝説を編集したジョゼフ・リトソン（一七五二―一八〇三）らに批判されることになった。こうしてパーシー・フォリオは門外不出となった。一九世紀半ばにハーヴァード大学のF・J・チャイルドがイングランドとスコットランドのバラッド集（全五巻）を編纂する際に、この写本が必要不可欠と論戦を繰り広げた結果、ようやく大英博物館に Additional MS 27879 として収蔵された。

閑話休題。ダンテ・ゲイブリエル・ロセッティを中心とするラファエル前派同志団が結成された一八四八年前後、イギリスでは二種類の製本方法が流行した。一つは一八四九年にオーウェン・ジョーンズが旧約聖書の「伝道の書」を、中世的な書体を用いて多色石版《クロモリトグラフィー》で印刷した *The Preacher* に施されたレリーヴォ製本の方法である（口絵参照）。製本はエドモンズ&レハナンツ社が担当した。

The Origin and Progress of the Art of Writing. パピエ・マシェ製本

小型フォリオ判の表紙は、分厚いが柔らかい桐のような板に、高圧のプレスをかけて、浮き彫り《レリーフ》のような効果を狙った装丁で、*The Preacher* は最近までこの技術が使われた唯一の例として知られていたものである。ここに採用された植物のデザインは、立体的で中世の教会や大聖堂の柱の装飾を想起させる。こういった中世風の製本が、産業革命の原動力となった蒸気機関の恩恵を受けて可能になったのである。なお、この表紙にはゴシック体を模したレタリングが使われており、典型的な中世趣味の本である。書棚に並べるよりは、客間のテーブルに置いておくコーヒー・テーブル・ブックだった。

次に一八四〇年代、五〇年代に流行したパピエ・マシェと呼ばれる製本があった。これは砕いた紙と糊、煤を混ぜ込んで型に入れたもので、漆黒の表面には光沢があり、一見すると黒檀を浮き彫りにしたような重厚な効果を醸し出す。中世にこのように製本された書物があったとは思えないが、ヴィクトリア朝の人々は、これを往時の装丁の一つと考えていたようである。

中世主義者ヘンリー・ノエル・ハンフリーズ（一八一〇―七九）は一八五三年、この装丁を用いて *The Origin and Progress of the Art of Writing* を出版した。興味深いことに、このパピエ・マシェ製本で書記法を主題とした同書を、ラファエル前派のウィリアム・ホルマン・ハント（一八二七―一九一〇）が絵画の重要な小道具の一つとして用いた。一八五四年に王立美術院《ロイヤル・アカデミー・オブ・アーツ》で展覧され、酷評された《良心の目覚め》がそれである。

ラファエル前派の一枚の絵

この絵画には、中世趣味と並んでラファエル前派第一世代がよく扱ってその特徴として知ら

ウィリアム・ホルマン・ハント《良心の目覚め》(部分)，1853 年，
テート・ブリテン

れる社会問題が描かれる。すなわち、この作品は社会的関心を掻き立て、また小説の主題ともなった「堕落した女(fallen woman)」を扱った絵画である。ここに描かれた若い女が男の妻でも婚約者でもないことは、女の左手にはたくさんのリングが見られるのに、薬指にだけは見られない事実からも直ちに了解される。ハントは男といちゃつく情婦が、誰かの突然の訪問をきっかけに良心に目覚める場面を描いたのである。流行り唄「無益な涙(Idle Tears)」の楽譜、猫に捕えられた小鳥、脱ぎ捨てられた手袋、ほつれた毛糸、女の腰に巻かれた布などが、堕落した女の運命を象徴している。同じ頃に描かれたハントの有名な作品《世の光》との関連は、《良心の目覚め》の右下隅に差し込んでいる一条の光、つまり神の光によって理解できる。この光が彼女にも救済される可能性が残されていることを暗示しているわけだ。

たしかにヴィクトリア朝時代は中世趣味に覆われ、乙に澄ました倫理観がその根底にあった。しかしウィリアム・モリスの妻、ジェーン・モリスがダンテ・ゲイブリエル・ロセッティのミューズとなり、その関係はロセッティの死まで続いたことを考えても分かるように、実生活にその倫理観がゆきわたっていたかと問えば必ずしもそうとは言えない。この絵画における家具調度、そして部屋の様子は、ヴィクトリア朝時代の家庭としてはけばけばしいものである。テーブルの上に置かれたパピエ・マシェ製本の一八五三年出版の *The Origin and Progress of the Art of Writing* も、ここでは中世趣味を示すものというよりは、絵画が描かれた時代を典型的に表す象徴の一つだった。そして情婦のモデルはハントの恋人で、教養のない街の女アニー・ミラーであった。

恋人に対するハントの意図が、この教育的な書物を選ばせたのかもしれない。ちなみにラファエル前派と親しかったバーナード・ショーは、ハントとアニー・ミラーの関係にヒントを得てあの『ピグマリオン』、つまり映画『マイ・フェア・レディ』の原作を書いたのだとする説がある。《良心の目覚め》を目にした批評家たちは、描かれた二人のセンセーショナルな姿勢に注意を奪われて、絵画に潜む新しさ、宗教性を無視してしまった。しかしラスキンは、一八五四年五月二五日のタイムズ紙に書簡を発表して、「どれほど些細なものの描写だったとしても、激しい、苦悩に高まる気持ちで目を向けさせる手法こそ注目に値する」と述べたのであった。

ヨーロッパ世紀末の写本偽作者

精巧な偽物

一九世紀のヨーロッパでは、自分たちが期待する形に当てはめて中世を生み出したのであり、中世をそのまま蘇らせたわけではなかった。しかし一方で、貴族たちは中世の写本や初期印刷本に関心を示したために、ヨーロッパ全土に稀覯本蒐集熱が高まっていく。「羊皮紙狂」とあだ名されたサー・トマス・フィリップス（五七ページ参照）のようにナポレオン戦争で疲弊した大陸の貴族の蔵書が売り出されると、それらを一括して買い上げるなど、万巻のコレクションを誇る蒐集家も現れた。中世の写本が高く売れると分かれば、偽物をでっちあげて売り込もうとする輩《やから》が現れるのは、むしろ当然だろう。ここでは世紀末のフランス、イタリア、ベルギーで中世写本やルネサンス期に作られた書物の精巧な偽物を作り出した偽作者三人を紹介しよう。

スパニッシュ・フォージャー

まず最初に紹介する通称スパニッシュ・フォージャー(スペインの偽作者の意)は、世紀末から二〇世紀初頭にかけて、美しい装飾写本や一枚物、またパネル板を大量に生み出した人物である。ニューヨークのピアポント・モーガン図書館長ベル・ダ・コスタ・グリーンが、一九三〇年頃に一五世紀スペインの巨匠ホルヘ・イングレス作とされた《聖ウルスラの婚約》の贋作を見破って、そしてその偽作者をスパニッシュ・フォージャーと名付けた。

しかしその仕事場はおそらくパリにあったのではないかと考えられている。当時のパリ、あるいはフランス全体が、この種の偽作の生産地として悪名高かった。実際、ポール・デュリウ伯はすでに一九〇四年に発表した一連の論文で、最近市場に大量に出回っている初期フランス絵画や写本に注意するように警告した。彼の論文にはこれらの参考図版は掲載されていないが、扱われた主題などからスパニッシュ・フォージャーの作品だと判断できる。そして一四年には、二点のミニアチュールがこの偽作者によるものと看破された。

その後次第にスパニッシュ・フォージャーの作品がリストに追加されていき、一九七八年にピアポント・モーガン図書館が偽作の展覧会を催した時には一五〇点を超えた。現在は欧米の個人が所蔵するものが多いが、アメリカの主要な大学図書館や公共図書館にも見られる。わたしもその後古書目録に登場するのを見ているので、現在ではかなりの総数にのぼるだろう。

この偽作者の手になる写本が、上述のフィリップス蔵書に一点も所蔵されていない事実は重要である。一八七二年に没するまで羊皮紙に書かれたものは何でも——もっとはっきりいえば、わたしたちがくずかごに捨てるようなものまで——、集めていたフィリップスなら、スパニッ

上：イスラエル・ファン・メッケネムによる《東方三博士の礼拝》、エングレイヴィング
下：スパニッシュ・フォージャーによる贋作

上：ラクロワによる中世とルネサンスの生活と文化のイラストレーション。*Moeurs, Usages et Costumes au Moyen Age et a L'époque de La Renaissance* より
下：スパニッシュ・フォージャーによる贋作

シュ・フォージャーのミニアチュールが市場に現れれば、偽作と分かっていても購入した可能性があるからだ。

この偽作者が典拠とした書物は、何点か明らかになっている。とりわけ、ポール・ラクロワが一八六九年から八二年にかけてパリで出版した五点の、中世とルネサンスの生活と文化を紹介した挿絵入り本が重要である。その挿絵がスパニッシュ・フォージャーの写本絵画の構成、主題、様式に大きな影響を与えたことは間違いない。騎士道、戦闘場面、儀式、狩猟、鷹狩り、ゲーム遊び、音楽や他の気晴らし、求婚、宴会など、世俗的な主題が彼の絵画の三分の二を占めて、顧客に好まれたが、これらの原作はほとんどラクロワの著書の挿絵に発見することができる。また、本物のミサ典礼書のイタリア写本にミニアチュールを追加するさいには、ラクロワから宗教的なイメージを借りることもあった。

ただし、スパニッシュ・フォージャーがタネ本から機械的に模写することはなかった。衣装、表情や人物の特徴、建築物、景観を自分好みに変容させたのである。変容させることによってタネ本を隠すことには役立ったが、逆に首尾一貫して彼独特の味を出すこととなり、偽作を容易に見破られる結果となった。この点で、彼は特定の画家のスタイルをまね、それによって偽作をその画家の真作に見せようとした通常の偽作者と異なる。

現在、スパニッシュ・フォージャーの偽作は、その優れた出来映えと数の多さのゆえに、美術史家の研究対象になっている。現代科学の粋を用いた化学分析も行われている。彼は年代の古さを出すために、黄色っぽい地色の紙を用いたが、そのために他の顔料もくすむよい効果が生まれた。しかしその紙の使用によってまた馬脚をあらわすこともあった。

シエナの偽作者

一九二〇年代まで偽作に手を染めていたスパニッシュ・フォージャーの正体がいまもいっさい不明であるのは、不思議な話である。もっとも、社会の日陰者であるはずの偽作者が自ら正体を明らかにすることはまれであろう。ところが、世紀末のイタリアのシエナで暗躍した金箔師イチリオ・フェデリーコ・ヨニ(英国人はジョニと発音する)は、こともあろうに一九三二年に自伝 *Le Memorie di un Pittore di Quadri Antichi* まで出版して、その中で自らの恋愛遍歴から偽作の製造法まで開陳に及んだ。その自伝はまもなく英訳版(*Affairs of a Painter*)も世に出るほどだった。

アラン・G・トマスは著書 *Great Books and Book Collectors* でこのヨニについて論じている。中世の都市国家シエナでは、一二五〇年代末から約二〇〇年の間、収入役が半年ごとに市の会計簿を重厚に金箔製本し、有名な画家を動員してテンペラで装飾を施した「タヴォレッタ」をつくる習慣があった。画題は時代や画家によってさまざまであったが、市の収入役や守護聖人、また紋章などが書き込まれていた。流出したタヴォレッタのうち、二〇点ほどが海外の美術館等に収蔵され、一〇〇点ほどがシエナの博物館に残っている。ロレンツェッティの弟子が描いた表紙には、納税者は意気揚々と行進し、旗が舞い、ラッパが鳴り響くなかを騎士が抜刀して歓迎するさまが描かれている。

さて一八九〇年代になると、シエナ会計簿の金箔製本「タヴォレッタ」(口絵参照)がヨーロッパ中の都市に現れた。しかし、これは金箔師で修復も行っていたイチリオ・フェデリーコ・ヨニによる偽作だった。ヨニは、少年時代からシエナの職人工房で絵画の額縁や聖遺物箱から礼拝堂の祭壇、はてはバロック時代の劇場にいたるまで、大小さまざまな文化遺産に修復を施したのだという。その技術は、一四世紀からほとんど変わらずに継承されてきたものであった。

ある日、一人の個人蒐集家がヨニのもとを訪ね、ヴェネツィアで作られた聖遺物箱をヨニに託して、もう一度金箔を貼り直すよう依頼した。何世紀も経たものであるから、そのままにしておくほうが無難だと諭したが、それでもすべて金色に飾って欲しかったのだろう、説得するのも聞かずに箱を置いていった。それを見たヨニの友人は、新しい聖遺物箱をそっくりに作ってやるかわりに、古い方は手元に残しておいたらどうかと「忠言」した。こうしてヨニの手元には蒐集家がもってきたものが残り、「きれいになった」聖遺物箱を手にした蒐集家も満足した。

ヨニはこれに味をしめる。その後まもなく、「古い」聖遺物箱の量産にとりかかり、作品は仲介業者を通して、フィレンツェ、ヴェネツィア、ローマに流通するようになる。手掛ける対象も次第に広げていったが、そんなときに、業者の一人がヨニにシエナのタヴォレッタを作ってみたらどうかと助言したという。一度も現物に接したことがなかったため、ヨニは躊躇したらしいが、挿絵入り解説書を見ながら偽造に手を染める。ヨニはその様子を自伝で詳述するが、テンペラを正しくのせるのに苦労したエピソードや、青銅の飾り突起をアンモニアに浸して古めかしくし、鉄製の留め金にヨードチンキを用いてほどよく錆を付ける技術を披露している。刻印は当初、編み棒で突いて作ったという。

これらのタヴォレッタの偽作がそれほど価値があるとは当事者も考えなかったらしく、倉庫の裏に捨てられていたのを警備員が見つけて、一つずつ回収した。ヨニが作った偽作は、中世の本物としては安すぎ、レプリカとしては高すぎる値段がつけられて店頭に並んでいた。その結果、バーゲン・ハンターが犠牲者となった。ある時、騙されたと知った顧客が怒鳴り込んで来た。「俺を騙そうとしたな」と怒り狂う顧客に対して、ヨニは冷静に答えた。「その通り。でもあんただって買ったときは、わたしが本物であることに気づいていないと思って、うまく騙したつもりでいたんじゃないか」

不思議なことに、シエナの国立公文書館は工房から歩ける距離にあったにもかかわらず、ヨニは実際にそこを訪れてタヴォレッタの本物を調べようとはしなかった。それゆえ、彼の偽作には本物にはない要素があり、容易に見破られる。しかし、これとは別に、ヨニは彼が生きた時代の精神を無意識のうちに偽作に反映させていた。アラン・G・トマスは、「これは彼の同時代人には分からないかもしれないが、後の世代にははっきりしている。とくにシエナの聖人や神霊を寓意的に描いた姿は、『忍耐《ペイシエンス》』に現れる二〇名の恋に悩む乙女たちに少し似ているからだ」と述べている。ここで言う『忍耐』とは、一八八一年にW・S・ギルバート(一八三六―一九一一)とA・S・サリヴァン(一八四二―一九〇〇)のコンビが発表したサヴォイ・オペラ(ヴィクトリア朝末期、ロンドンのサヴォイ劇場で上演され、大流行した喜歌劇)で、O・ワイルド、A・C・スウィンバーン、ラファエル前派らの芸術至上主義を諷刺した作品である。スパニッシュ・フォージャーとヨニはともに写本を偽作するしたたか者であったが、かたやミニアチュール、かたや製本デザインで勝負し、中世の書体によるテキストを再現することはなかった。いずれにせよ、本来は世を憚るはずの偽作者の作品はいまやコレクター垂涎の的になっている。

再製本と偽物作り

一六世紀のフランスでは、革製本にさまざまな意匠を凝らすコレクターが現れたため、色とりどりの贅沢な装飾製本は一つの頂点に達した。なかでも、表紙にラテン語で「ジャン・グロリエとその友人たちの書」というモットーを入れた財務官ジャン・グロリエ(一四七九―一五六五)の製本はひときわ有名だが、グロリエも数の上では王アンリ二世(在位、一五四七―五九)には敵わなかった。王はグロリエほど書物を吟味したわけではないが、何せ王だったから、もっ

上：141ページ左図，グロリエの装丁から表1の下部分．「ジャン・グロリエとその友人たちの書」と刻まれている
左：ディアヌのために用いたモノグラム

とも美しい書物を所有し、金に糸目はつけず、最良の製本職人を雇うことができた。

若きアンリ二世にはディアヌ・ド・ポワチエ(一四九九―一五六六)という年上の愛人がいた。彼女のために用意した本の表紙には、ルネサンス特有のカラフルなエナメルの幾何学的パターンのほかに、愛人のイニシャルDとその裏返した形を重ね、間に横棒をひくことでHとも重ね合わせることができるモノグラムを用いた。

アンリ二世が愛するディアヌのために製本させた書物は数少ないため、世の蒐集家には喉から手が出るほど欲しいものだ。これを見抜いてせっせと世に送り出した偽作者が、三世紀後のベルギーに現れた。才能溢れるテオドール・アゲである。一八五〇年頃から三〇年間も「活躍」したアゲは、初めは歴史的な製本のレプリカを作っていたが、あるときから本物と称してヨーロッパの主要都市で売り出したのである。一六世紀の書物を解体して、豪華に装飾した上で再製本するのが彼のやりかただ

左：グロリエによる製本
右：アゲによる偽カトリーヌ・ド・メディシスの装丁．下図は同書の天に施されたゴーファリング(押型で模様をつける)装飾．1890年頃，ブリュッセル，フォルジャー・シェイクスピア図書館蔵

った。表紙には教皇や国王、ジャン・グロリエなどルネサンスの著名コレクターの紋章やイニシャルを入れた。しかも元の花布《はなぎれ》(書物の背の内側の飾り帯)、遊び紙(冊子本冒頭に挟む印刷しない紙葉)、きき紙(表紙の内側に糊付けされた紙葉、遊び紙とあわせて見返しという)を傷つけることなく保存し、偽作に再使用した。花布の場合は、元の縢《かが》りに銀糸を通して、背に取り付けている。

アゲが再製本するのに選んだ書物は、たいていの場合、それ自体がたいへんな稀覯本である。たとえば、一六世紀スペインの東洋学者で聖書学者であったアリアス・モンタヌス(一五二七―九八)のラテン語による『キリスト箴言集』を使って、アンリ二世とディアヌのイニシャルを組み合わせたモノグラムを使って偽作をでっち上げたが、その中身はアントウェルペンの有名な出版業者クリストフ・プランタン(一五二〇頃―八九)が一五七五年に出版したものであった。多くの偽作者と同じで、アゲにも本物より立派に仕上げる傾向があって、そのために偽作がばれてしまうことがしばしばあった。彼のもう一つの弱点は、製本に用いた皮革があまり良質でなかったことだ。そのため一九世紀のアゲ製本は外側の溝が壊れやすいが、一六世紀の本物はずっとしっかりしている。

偽作者アゲの犠牲になった気の毒なコレクターの一人は、イギリス人ジョン・ブラッカーだった。彼はアゲの製本を一六世紀の本物だと信じて、三万六〇〇〇ポンドも費やして一〇〇点余りを購入した。一九世紀後半の三万六〇〇〇ポンドは途方もない巨額である。そして時が経って、まとめて競売することにしたブラッカーは、コレクションを競売会社サザビーズに送ったところ、すべて偽物だと判明した。サザビーズ側も事実を告げるのに躊躇したあげくのことだったが、それを聞いたブラッカーはショックのあまりピストル自殺した（もっとも、最近の説では慢性気管支炎で死んだらしい）。財産管理人の要請で、一八九七年一一月一一日に競売が行われたとき、目録には「最近死去したアマチュアが集めた素晴らしい現代製本の一大コレクション」と銘打ってあった。草葉の陰のブラッカーにはもっと気の毒なことに、この競売の総売上は一九〇〇ポンドにしかならなかったが、現在、この競売目録がアゲ製本に関する最も信頼すべき資料になっている。ちなみにジョン・ブラッカーの曾孫娘はカーメン・ブラッカー博士で、福澤諭吉研究で博士号を取得したケンブリッジ大学の日本学者であった。

愛書狂時代のファクシミリスト

ペン・ファクシミリスト

ファクシミリ(facsimile)といえば、送信側から電話回線で手紙などの文字情報や画像を電気信号に変換して送り、受信側でデータを再生するシステムとしてよく知られている。そして貴重書の復刻版もファクシミリと呼ばれる。ところがこの英語が最初に用いられたのは一六六〇年頃のことである。当時はもちろん電話も写真技術もなかった。「筆写、複写、生き写し」といった意味を持ち、名詞にも動詞にも用いられたファクシミリの原義は、「fac simile」(よく似たものを作れ)というラテン語に由来する。

ファクシミリスト、正確に言えばペン・ファクシミリストとは、写本や印刷本の原本と寸分違わない書物のページの複写を、肉筆で作るのを生業とする人物を指す。現在ならば、さまざまな写真技術によって複製を作るのはたやすい。しかし、一九世紀初めから中葉にかけてにあってはそれは難しかっただろう。たぐい稀な器用さをもって、他人が見れば本物と見紛うような初期印刷本のファクシミリを作り出したのがジョン・ハリス(一七九一―一八七三)であった。ここでは、未だその全体像が明るみになったとはいえない、希有な能力をもつ職人の活動とその功罪を、彼を生み出した時代背景の中で探ってみよう。

史上最高の落札価格

貴族の間に稀覯書の蒐集熱が広がった一九世紀前半は、「愛書狂」の時代と呼ばれる。書誌学者トマス・フログナル・ディブディン(一七七六―一八四七)の *Bibliomania* (1811)に由来するこの言葉ほど、時代精神をうまく表現するものはない。

その素地はすでにできていた。一八世紀半ばにはイギリス最古の学会である好古家協会(一五八六)がロンドンで再組織されて、好古趣味と結びついた中世趣味がゴシック建築から装飾へ、そして古書への関心へと広がっていく。またイギリスは、フランス革命やナポレオン戦争の影響を直接受けなかったため、この時期、産業革命が生み出す安い製品を大陸に輸出していた。こうして大金を得た資本家たち、つまり有産階級の貴族たちが国内の古書市場を席巻したのである。一方、大陸の貴族や修道院は度重なる戦争に疲弊し、ときには没落してしまう場合さえあった。そうなれば彼らの所蔵する本は売りに出されることになり、こうして稀覯書コレクションが市場に出れば、これもイギリスの貴族たちによって争うようにして購入されていったのである。

例えば、三代目ロクスバラ公爵ジョン・カー（一七四〇―一八〇四）はその蔵書を精力的に充実させていく。公爵のロマン主義的な性格を反映したその蔵書の内容は、主にインキュナビュラ、フランス語のアーサー王ロマンス、初期のイギリス及びイタリア文学、シェイクスピア、それに演劇作品が多かった。その結果、彼の死後四二日間かけて行われた一八一二年の売り立てでは、二万三三四一ポンドという総売上高を記録した。これはひとえに、スペンサー伯爵（故ダイアナ妃の祖先）、ブランドフォード侯爵、デヴォンシャー公爵など名だたる貴族が、それぞれの名誉と意地をかけて競い合った結果であった。ロクスバラ公爵がわずか一〇ポンドで購入したキャクストン版『世界の鑑』が三五一ポンド、また同様に五〇ポンドで入手したキャクストン版『トロイ歴史集成』が一〇六〇ポンド以上で落札されるありさまだった。白眉は、一四七一年に印刷されたボッカチオ『デカメロン』で、落札価格は二二六〇ポンドであった。これは印刷本としてはイギリスの競売史上における初の四桁数字の価格で、一八八四年に更新されるまで実に七二年間も破られなかったほどの記録である。

このボッカチオが競売された一八一二年六月一七日の夜、貴族を含む一八人の愛書家がロンドンのレストランに集った。驚異的な落札記録を祝って乾杯する中で、愛書家倶楽部として今なお続くロクスバラ・クラブは生まれた。これを取り仕切ったのは、上述のディブディンである。彼はこの日の記録的な競売を予期していたのだろう。その数日前に愛書家の仲間に競売当日の晩餐会の招待状を出していた。

汚れを「洗う」

富裕な愛書家たちが記録的な高値で購入した稀覯書は、多くの場合再製本される。蒐集家の好みに合わせて、書斎を飾るべく、統一した皮革装丁が施され、表紙の中央には所有者の紋章が金箔を用いて押された。その結果、中世から続いた重厚な製本材は棄てられて、製本師フランシス・ベッドフォード(一七九九—一八八三)らの手によって、瀟洒なイタリア風のデザイン製本に替わった。この時代、中世以来の教会建築が壊されネオゴシック様式に生まれ変わったのと同じ現象が、製本の世界にも起こったのである。

それだけではなかった。新たな蒐集家の意向を汲んでか、製本師たちは再製本するさいに、印刷ページを化学溶剤に浸して、汚れを「洗う」ことが多かった。「洗う」ことによって、印刷本文を損なうことなく、余白に書き込まれた書き込みや汚れをきれいに落とすことができる。しかし、その結果、印刷面は平板となって活版印刷の印圧の勢いは消え失せ、インキュナビュラに用いられた分厚い手漉き紙も薄くまた腰が弱くなることがあった。わたしが調べた乏しい体験からいっても、ベッドフォードの製本工房では「洗う」ことが多かったようである。印刷ページの表面を仔細に検討し、のどに近い縢られた部分に鼻を近づけると、当該の書物が再製本のさいに「洗われた」かどうか判断することができる。

このように蔵書の外見をみぎれいにしたいと願う新興蒐集家が、せっかく高価で落札した稀覯書に欠葉があるのは耐えられないという気持ちを抱くのは、理解できよう。ここに、ファクシミリスト、ジョン・ハリスが登場するのである。まさに彼は時代の申し子であった。残念ながら、ハリスに関する著書も研究論文もほとんどなく、同時代の関係者の証言によって彼の活動の一端が明らかになる程度である。大英図書館の公式サイトに、'John Harris the Pen-and-Ink Facsimilist' を寄稿した(https://www.bl.uk/treasures/caxton/johnharris.html/)のがわたしだというこでもお分かりいただけよう。ここではバリー・ゲインズの論文 'A Forgotten Artist: John Harris and the Rylands Copy of Caxton's Edition of Malory' をもとに紹介を続けたい。

ファクシミリの復刻

ジョン・ハリスは一七九一年に生まれた。同名の父はかなりの腕前の画家として知られ、息子が若いころには王立美術院の展覧会に出展する常連だった。息子であるジョンも画才に恵まれて、一八一〇年には王立美術院に出展、翌年にはその学生としてミニアチュール・ポートレイト制作を専門とするようになった。これは中世写本のミニアチュールの伝統を受けついで、テューダー王朝以降に盛んになった芸術形態で、板、紙、陶板、ガラスなどに人物像を極彩色で精密に描くものである。しかし、ほどなく彼の関心は初期印刷本の活字や木版画を忠実に複写する技術に移っていった。しばらくロンドンの製本業者でファクシミリストでもあったジョン・ウィタカーのもとで働き、後に、一八二〇年に結婚、それ以降、彼は大英博物館に勤務していた。親友だったロバート・カウトンは、*Memories of the British Museum* (1872)で次のように回想している。

ハリス氏は芸術家としてはさほど有名ではなかったが、不完全な初期印刷本や木版本の欠陥を補うためにすばらしいファクシミリを作成することで知られている。この珍奇なる技術に関して彼の右に出る者はなく、フスト、シェファー、キャクストン、ウィンキン・ド・ウォード、ピンソンなど初期の印刷業者の活字を復刻したものはどれもすばらしく、無類のものであった。スペンサー卿、トマス・グレンヴィル氏、大英博物館などの文庫に架蔵されているもっとも瀟洒な稀覯書の中には、彼の「右手」の「技」によって完本とされたものがいくつもある。彼が補ったページの中には、あまりにも完璧に手書きされているので、数年経過すると彼自身が自作を原本と識別することが難しいものがあった。紙の選択といい、活字といい彼のファクシミリはそれほど完璧に作られていたのである。

（三三四―三三五ページ）

惜しむらくは、この記述には、ハリスのファクシミリ制作に関する具体的な描写――トレーシングをしたのか、あるいはフリーハンドで書いたのかなど――が見られないことだろう。それにしても、ハリス自身が、自ら複写したファクシミリなのか原本なのかを識別できないというのでは、他人の目にはとうてい判別できないのも当然だ。

大英博物館の著名な館長アントニオ・パニッツィ（一七九七―一八七九）らも困惑した。そして、評議員会の指令を受けて、ハリスのファクシミリには、ページの隅に「これはジョン・ハリスの手による。アントニオ・パニッツィ（This is by J. H.—A. P.）」という言葉を追加させたほどだった。ハリスは大英博物館で三〇年以上にわたってファクシミリを補充したのであるから、これは分別ある決定であった。さもなくば、現代の書誌学者は、中世の写本なのか、ハリスのファクシミリなのか、ひどい難題を抱え込むことになっていたであろう。

これだけの職人芸を有するファクシミリストだったから、噂を聞いた貴族のコレクターたちは、次々とハリスに仕事を依頼してきた。ディブディンが司書を務めていたスペンサー卿、貪欲なコレクターだったジョージ三世、サセックス公爵、レスター卿など、当時の著名な蔵書には、必ずやハリスのファクシミリが入っていた。当然のように、需要が高まれば、その制作価格もあがっていく。例えば、キャクストン印刷の『黄金伝説』の大きな木版画を含むたった一葉のファクシミリのために、蒐集家ジョン・ダン・ガードナーはハリスに一五ギニー(一ギニーは一ポンド一シリング)を支払ったという記録がある。こうした状況から、二流のファクシミリストが続々と現れたとしても不思議はないが、その記録はほとんど残っていない。

一九八〇年代のはじめ、幸運にもわたしはバース侯爵のロングリート邸を訪れる光栄に浴した。それは「ロングリートのライオン」で知られたサファリパークを擁する広大な敷地に建てられていた。侯爵はあいにく不在だったが、次男のクリストファー・シン卿が、先祖代々同家に伝わるというキャクストンの『トロイ歴史集成』(一四七三)を見せてくれた。「これは完本だよ」といって手渡された同書だが、冒頭ページをはじめ何枚かは、丁寧に書かれたペン・ファクシミリで補っているように思えた。ロンドンに戻ってから、当時大英博物館に勤めていた書誌学者ニコラス・バーカー氏にこの話を持ち出したところ、彼は「僕も知っていたよ、もっとも持ち主に伝える必要はないがね」と語った。ジョン・ハネットの著書、*Bibliopegia, or The Art of Bookbinding in All Its Branches* (1835)の中には、「バース侯爵は、ロンドンのウィタカー氏がエトルリア様式の色彩豊かな製本に仕上げた、キャクストンの『トロイ歴史集成』を所蔵している」という記述がある。ウィタカーのもとで働いていたハリスが、同書にファクシミリを補充した可能性もあるだろう。

『アーサー王の死』の転写ミス

さて、見る人の目どころか、自分の目さえも欺くほど優れたファクシミリ技術を身につけていたハリスが、実は転写ミスを犯す不注意な職人であったといえば、だれもが不思議に思うだろう。しかもそれがこともあろうに、英文学史上もっとも重要な作品の一つで、二部しか現存しないトマス・マロリー著『アーサー王の死』(キャクストン出版、一四八五)で起こったために、一九世紀後半以降のマロリー作品の編集者はみな混乱させられてきたのである。

アーサー王物語の傑作といわれる『アーサー王の死』は、一四七〇年に騎士トマス・マロリーが英語の散文に翻案した作品で、一四八五年キャクストンが出版した。八〇〇ページを超える堂々たる大作である。愛読されて次々と版を重ねただけではない、後代の文人や芸術家に多大のインスピレーションを与えた重要な一書でもある。現存する二部のうち、本文が完全な一冊は現在ニューヨークのピアポント・モーガン図書館に、一一枚の欠葉が見られる不完全本がマンチェスター大学ジョン・ライランズ図書館に所蔵されている。わたしは一九九九年夏にライランズ図書館で同書を閲覧する機会に恵まれたが、どうして欠葉があるのか不思議なくらい、美しい大型本であった。

『アーサー王の死』ライランズ本は、一八一六年一月、ジョン・ロイド蔵書の売り立てで、スペンサー卿が三二〇ポンドで落札した。当時スペンサー文庫の司書であったディブディンは、『スペンサー文庫補遺』(一八二二)で同書の欠葉に関して、「ウィタカー氏なる人物がたぐい稀なる技で、当時オスタリー・パーク文庫にあった有名な完全本から一一枚をファクシミリで補った結果、本書はもっとも望ましい形で完本となった」と述べている。ディブディンは、製本業者ウィタカーと、彼のもとで働いていたジョン・ハリスを混同したのだろう。というのも、一八三六年に出版した *Reminiscences of a Literary Life* で、ディブディンは二〇年前の『アーサー王の死』の競売価格について、「三二〇ポンドはぎょっとするほど法外な値だった。ハリス氏の比類なき技を用いて今や補充してはあるものの、一一枚の欠葉は、依然として大きな欠落といえる。しかもファクシミリによる補充に五〇ポンドもの余分な経費がかかったのだから」と述懐しているからである。明らかなのは、『アーサー王の死』がスペンサー文庫に収蔵されてほどなく、一一枚の欠葉はハリスのファクシミリによって補充された、そしてその仕事に五〇ポンドかかったことである。

一九世紀初頭の五〇ポンドは途方もない額である。邦貨五〇万円ははるかに越えるであろう。これだけの仕事であれば、さぞかし細心の注意をもって転写するに違いないと、わたしたちは考える。それなのに、ハリスのこの失態はいったい何に起因するのであろう。明確な原因を知るには、ハリスが補充した他の印刷本へのファクシミリの正確さを調査せねばなるまい。

「全体の書」

さて、ディブディンの言葉にあるように、当時、本文に欠葉のない完全な『アーサー王の死』のモーガン本は、一六六五年に開行した英国最古のチャイルド銀行創立者一族が暮らしてきた邸宅、ロンドン郊外のオスタリー・パークにあったから、ハリスはそれを転写してファクシミリを作ることができた。ところが一八八五年、同書はイギリスを離れて、その後の経緯を経て、ニューヨークのピアポント・モーガン図書館に行ってしまう。また欠葉のあるスペンサー本は、一八九二年にライランズ夫人が亡き夫の思い出のためにスペンサー文庫を一括購入し、マンチェスターの中心地に壮大なヴィクトリアン・ゴシック様式で建設した図書館に、一緒に納入された。

一八八九年に『アーサー王の死』を編纂したH・オスカー・ゾンマーはすでにアメリカに渡ったモーガン本を実際に目で確かめることはできず、スペンサー本(ライランズ本)を頼りにせざるを得なかった。加えて、スペンサー本にハリスがファクシミリで補充した一一枚の欠葉については、モーガン本と比較した対照表をニューヨークに求めた。その結果、キャクストンの綴りと句読点に発見された七〇箇所にもわたるミスのほとんどは、ゾンマーが一覧表にして正したが、それにもかかわらずいくつかの重大なミスが残ってしまった。ゾンマーは一九世紀末

[Sig. ee5v, Morgan]/[Sig. ee6r, Morgan]

a good fryday for goddes sake / Here is the ende of the <u>hoole</u>
book of kyng Arthur & of his noble knyghtes of the rounde

[Harris' facsimile]

a good fryday for goddess sake / Here is the ende of the <u>booke</u>
book of kyng Arthur & of his noble knyghtes of the rounde

のドイツの学者で正確な本文編纂で知られていたが、それでもハリスのミスをすべて正すことはできなかったのである。

その一例を示すと、折記号ee五裏の最終行とee六表の第一行は上のような本文をもつ。この本文は『アーサー王の死』の奥付部分である。モーガン本がページ末から次のページ冒頭にかけて'the hoole book'すなわち「全体の書」と植字しているのに対して、ここを転写したハリスは'the booke book'としてしまったのである。熟練したファクシミリストでさえそんなミスを犯すのかと訝しく思う向きもあろうが、ゴシック体の活字はともすると読み間違うものである。その結果、スペンサー本を底本として『アーサー王の死』を編纂した多くの編集者は、ハリスのファクシミリの読みにつられて、ページ末と次のページ冒頭に同じ単語が繰り返される単純な、よく起こる印刷ミス(dittography)に過ぎないと解釈して、bookeを一つ省略して'the book'と読んでしまう誤りを犯したのである。一九四七年に*The Works of Sir Thomas Malory*を編纂したウジェヌ・ヴィナーヴァ(一八九九—一九七九)は、この問題に言及した。また一方、デレク・ブルーア(一九二三—二〇〇八)は『アーサー王の死』

における「全体の書」(the hoole book)とは何を意味するのかという優れた論文をものした。

このようにして、現存本の数がきわめて少ない『アーサー王の死』の場合、ハリスの転写ミスは決定的な悪影響を残したといえる。彼がファクシミリで補充した他の印刷本にはこういった問題がないのかどうかは、今後の綿密な研究に待つ必要がある。

一九九八年、ロンドンの古書店の老舗バーナード・クォリッチの倉庫から、ジョン・ハリスが作った初期印刷本のページ毎のファクシミリがかなりの数で発見された。しかも中にはファクシミリを石版刷りにしたページもあった。これは、明らかに複数のファクシミリが作られたことを示している。クォリッチの顧客のために、チョーサー、ガワーなど、キャクストンが印刷した中世詩人の作品の欠葉を埋める目的だったのだろうか。クォリッチは一八四七年に創立された古書店だから、ハリスのファクシミリストとしての活動時期と重なっている。チョーサー著『カンタベリー物語』のキャクストン版第二版(一四八三)の騎士見習いのフ

Prologue

Wyth hym ther was hys sone a yonge squyer
A louer and a lusty bacheler
Wyth lockys crulle as they were leyd in presse
Of twenty yer of age he was I gesse
Of hys stature he was of euene lengthe
And wonderly delyuer and of greet strengthe
And he had be som tyme in chyuauchye
In Flaundrys In Artoyse and in Pycardye
And born hym wel as of a lytyl space
In hope to stonden in hys ladyes grace
Enbrowdred was he as it were a mede
Al ful of fresshe floures whyte and rede
Syngynge he was or floytynge al the day
He was as fresshe as is the moneth of may
Short was hys gowne wyth sleuys longe & wyde
Wel couthe he sitte on hors & therto fayr ryde
He couthe songys make and wel endyte
Iouste and daunce portraye and eke wryte

キャクストン版の『カンタベリー物語』第2版(1483)の総序で描写される騎士見習い．ケンブリッジ大学モードリン・コレッジ，ピープス図書館蔵

アクシミリでは、木版画の右隅に「ジョン・ハリスによるファクシミリ(FS. by IH.)」とある。他にもH. junrとあり、ひょっとして名前を同じくする父親と区別してのことではなかったか。実は、ハリスは父のみならず、親子三代にわたってファクシミリストだったという証言もある

ジョン・ハリスによる同じページのファクシミリとその部分．絵の右隅にハリスのサイン FS. by IH. が見える

のだ。

　以上のような状況を考えてみると、一九世紀前半の蒐集家の蔵書に一度でもあったキャクストン本はファクシミリ入りでも完本として市場に流れたのではないかと疑いたくなる。もちろん、ハリスが意図的に蒐集家を騙すために、ファクシミリを補充したと考えているわけではない。しかし、調べれば調べるほど、どこかきなくさい。先日、東京を訪れた、キャクストンに関する研究論文もある中世英文学者でさえ、キャクストン版『ポリクロニコン』の冒頭数ページが精巧なファクシミリであることに気づかなかったぐらいだから。

大きな本と小さな本

ヴァーノン写本

人が読書するとき、手に持てる本の大きさ、重さには限度がある。わたしが今まで手にした本の中で最も大きく重かったのは、一九八〇年代まではオクスフォード大学ボドリー図書館の最上階にある貴重書室「デューク・ハンフリー室」に架蔵されていたヴァーノン写本(Vernon MS; MS. Eng. poet. a. 1. 現在は図書館の新館にある)だった。一三九〇―一四〇〇年頃に編纂され数人の写字生によって転写された、主に中世英語とアングロ・ノルマン語の大小三五〇もの作品を集めた写本である。なお、写本は通常の架蔵番号ではなく旧所蔵者の名前で通用している。ここで登場するヴァーノン写本、シメオン写本がその一例である。

外部の研究者がこれを閲覧する場合、ボドリー図書館一階の受付に紹介状を出すと、ラテン語の(最近は英語でよい)誓約書を音読させられる。その後、出納票に必要事項を記入すると、まもなく大冊が運ばれてくる。かつてここの司書は *The Manuscripts of Macrobius' Commentary on*

ブルース・バーカー＝ベンフィールドによる「古代文学の復活」展示会目録表紙

the Somnium Scipionis (1975)の著者で、イタリック体の名手ブルース・バーカー＝ベンフィールドが務めていた。彼は、図書館内の掲示なども一手に引き受けて手書きしただけでなく、西洋写本部長のリチャード・ハントの退職を記念して開催された「古代文学の復活」展示会の目録までをすべてを手書きで制作する名人だった。

ヴァーノン写本は、貴重書室の通常の閲覧席では狭すぎるので、特別なスペースに揺籃《クレイドル》と呼ばれる巨大な書見台が用意される。さらに閲覧者が写本目録を調べるために席を立ったり、食事で席を離れたりするときには、この怪物を司書の席まで両手で抱えて戻すことが要求された。わたしが閲覧を希望したのは巨大な書籍と格闘するためでも、物見遊山のためでもない。他に現存する写本の本文と比較して、テキストの伝播に関するヒントを得たかったからである。

元来四二二―四二六葉で構成されていたはずのヴァーノン写本だが、現在は欠葉のため三五〇葉しか存在しない。それでも重量はおよそ二二キロある。制作された時は二六キロぐらいあった計算になろう。重いのは、ページを繰るとバリバリと音を立てる重厚な羊皮紙に書かれていること、製本に頑丈な欅や樺の板、そしてそれを包み込む牛皮革が用いられているからである。大英図書館が所蔵する同種のシメオン写本(Additional MS 22283)はこれほど重くも分厚くもないが、いずれも英語のロマンス、抒情詩、神秘主義作品など、一ページにコラム三段、ないし二段の本文を持つ。制作を依頼した注文者(確定されていない)は、邸宅の図書室にディスプレイ用に置いたのではないかと推測できる。

一九八〇年代から中世英文学研究におけるヴァーノン写本の重要性が認識され、国際学会でも数多くの研究発表がなされた。そのためか、D・S・ブルーア出版社は、一九八七年、わたしの恩師であったA・I・ドイルの序論付きで、原寸の九二パーセントのファクシミリを刊行した。原寸大では印刷コストが膨張してしまうという理由だった。この時、写真撮影用に準備された書見台が、写本の重さに耐えかねて壊れるというエピソードまで生まれた。

グーテンベルク「四二行聖書」

活版印刷本に限らず、大きな本の嚆矢の一つと言えるのが、通常「グーテンベルク聖書」として知られる「四二行聖書」だった。「人工的に書く技術」と呼ばれた活版印刷を活用して、巨大な二巻本が突然市場に現れたのである。印刷途中のページ見本をフランクフルトの国際市で目の当たりにした人々の驚きはいかばかりだっただろうか。

インキュナビュラが登場した、印刷メディアの幕開けの時代には、グーテンベルクが活躍したマインツのほか、ヨーロッパ各地で聖書が印刷されたが、書誌学の専門家は、各ページが何行で組まれたかに注目する。「四二行聖書」とは一ページに四二行組まれたという意味である。聖ヒエロニムスによるラテン語聖書の組版に取り組んだグーテンベルクは、まず四〇行で始めた。しかしまもなくこれではページ数が膨れ上がるので、四二行に落ち着いた。口絵で紹介した慶應義塾本は四〇行の初刷本文である。

また植字用原稿として用いたのは中世の聖書写本であり、それは多くは装飾や物語性のある挿絵が付いた美しい本であった。グーテンベルクもこれに倣って、一四五三年頃「四二行聖書」の初刷を二色印刷で始めている。しかし、まもなく二色刷りには二倍の手間がかかることに気づき、これを放棄、文字通り手書きで「朱書き」のテキストを挿入したのであった。

なるほどグーテンベルクはパイオニアではあったが、事業を続けていくために金貸しのヨハン・フストから借金を重ねなければならなかった。そして期日までに返済できず、ついには印刷機械は没収され、携っていた印刷工も引きぬかれてしまう。だが、フストは初めからこういう事態を見越していたのではないかとも考えられている。印刷の父は、その後に現れたキャクストンやアルドゥスとは異なり、不遇の中で没したのである。

活版印刷という革命的な技術を発明したものの、その他の面では保守的だったのだろうか、グーテンベルクは、大型フォリオ判という当時の修道院や教会の説教壇に置かれていた聖書写本の形態を踏襲した。印刷に用いられたのは手漉きの紙と羊皮紙である。大英図書館には紙製と羊皮紙製の「四二行聖書」が一セットずつある。一般の読者が閲覧を希望するのは、中世写本同様に美しく肉筆で装飾された紙製セットであり、装飾に欠ける羊皮紙本は無視されることが多い。

ところが、わたしが両者を並置して調査した際に、羊皮紙本の下部が異常に波打っていることに気がついたことがある。ページを繰っていくと、そこには思いがけず複数の紙魚《しみ》の死骸があるではないか。初期印刷本部長のクリスティアン・イェンセンは、慌てて羊皮紙本を回収した。彼の説明では、グレート・ラッセル通りの大英博物館からセント・パンクラス駅のそばに新設された大英図書館に移管されるどこかの過程で、紙魚が混入した可能性が高いという。しかし、それより当事者にとって頭が痛いのは、閉架書庫で管理されているあらゆる稀覯書を燻蒸する必要があることだった。

グーテンベルク聖書、日本へ

一九八七年一〇月二二日、午後七時二〇分(ニューヨーク時間)、オークションハウスの一つであるクリスティーズの競売で、日本橋の丸善が「四二行聖書」上巻を落札した（以前から下巻の行方は分からない）。手数料を含めて五三九万ドル（約七億八〇〇〇万円）というギネスブック入りの高値だった。会場で応札した古書部長、富田修二は、大騒ぎになったこの場の雰囲気を『グーテンベルク聖書の行方』（図書出版社、一九九二）で詳述している。「四二行聖書」は、旧蔵者であったカリフォルニアの富豪エステラ・ドヒーニ夫人が自ら創設したカトリックの神学校に寄贈したものの、ある年限の後、必要があれば売りに出してよいとの遺言を残しており、それに従って競売にかけられた。そして丸善は、創業一二〇年を記念してこの聖書を購入し、全国の支店で巡回展示した。

一九九三年から久しぶりにケンブリッジで一年間の留学生活を送っていたときのことになるが、ここに富田氏が訪ねてきたことがあった。丸善は、「四二行聖書」を購入後数年間にわたって広報宣伝に活用してきたが、銀行の利子の重圧も馬鹿にならない、そろそろ終の住処に納入したい。福澤諭吉が開いた慶應義塾の卒業生の一人、早矢仕有的《はやしゆうてき》が創業した丸善である。「ついては貴学が最適と考えたがいかがでしょうか」と言うのである。

これはもちろん一介の教授に過ぎないわたしが決定できる案件ではないが、この聖書の学問的価値については推薦できると考え、その夜、関係者にファックスを送ったのであった。その後、「四二行聖書」は慶應義塾図書館に収蔵されることになる。偶然にも、その当時「デジタル化」という言葉が喧伝されるようになっていた。民間企業からの働きかけもあって、文部省（現、文部科学省）も研究資料のデジタル化を推進する大学には助成を行うという方針を打ち出していた。

こうして一九九六年、慶應では初の産学協同、そして学部横断型のデジタル研究組織、HUMI（Humanities Media Interface）プロジェクトが生まれた。その中心は新たに収蔵した「四二行聖書」であり、三田の図書館旧館地下に研究室が設けられた。理工学部のデジタル技術の専門家と、三田の文系の若手教員たちがまず目指したのは、一九九七年一月に日本橋丸善で「グーテンベルク聖書収蔵記念　慶應義塾図書館稀覯書展」を開催することだった。ちょうど同じ時期に図書館に収蔵された荒俣宏氏旧蔵の『動物誌』に、ゲスナー（一一二ページ参照）が描いた犀があったが、これをデジタル化してみると大評判となった。

「四二行聖書」二巻セットは、その製本方法によって重量は異なるが、あわせて一五キロを超える。アメリカの有名大学では、図書館に忍び込んだ学生が、それらを背中のリュックに入れるまではよかったものの、窓から脱出することはできなかったというエピソードが残っているほどである。

「四二行聖書」は説教壇に置くか、机上に置いて読む巨大な本だったが、初版の後、四〇年も経つと、（やろうと思えば）寝ながらでも読める八折判の聖書が登場する。バーゼルの印刷業

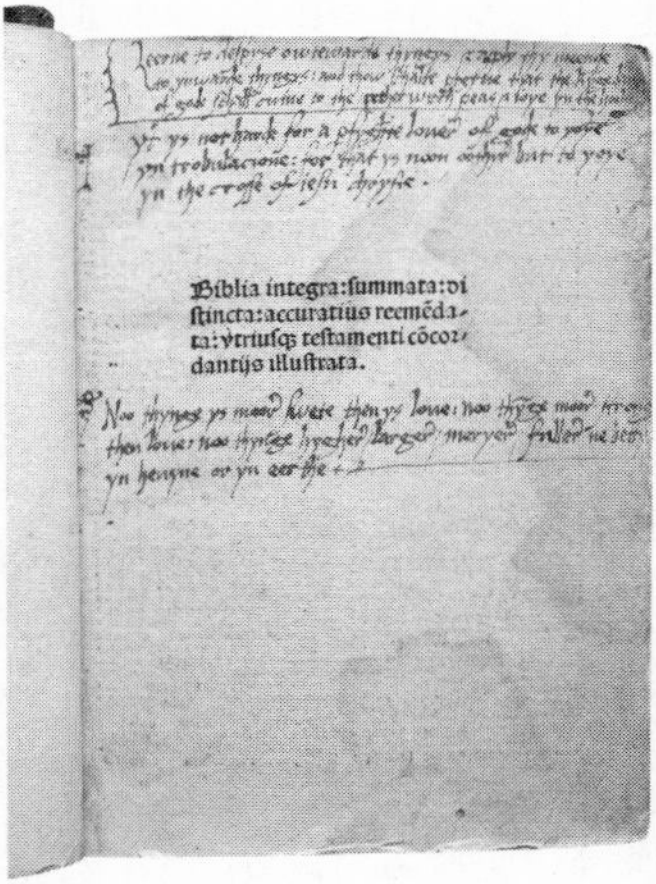
Biblia integra: summata: distincta: accuratius reemēdata: vtriusq₃ testamenti cōcordantijs illustrata.

「貧者の聖書」，1495 年

者ヨハン・フローベン（一四六〇頃―一五二七）が一四九一年に出版した通称「貧者の聖書」である。「旧約聖書」「新約聖書」の本文が、省略記号の多いラテン語で印刷され、装飾などもない。一四九五年出版の第二版のあるコピー（上図）には、タイトルページ上方に英文の書き込みがあることから、印刷後、未製本シートのままワインに用いる樽に詰められ、水上輸送を経て、イギリスの市場で販売された結果だろうと考えられる。

ミニチュア・ブック

さて、大きな本を紹介した後は豆本（ミニチュア・ブック）である。これは人間の目の限界とも関係しよう。定義には諸説あるものの、ジョン・カーター著『西洋書誌学入門』を参考に、「約五・一センチ×三・八センチ以下」とするのが妥当であろう。

東京、神田神保町には女性が経営する呂古書房という豆本専門店がある。父親に連れられて

ヘンリー8世の肖像画を含むミニチュア・ブック．1540年頃，大英図書館蔵

神保町通いをするうちに自ら古書店主に収まったと聞く。また二〇〇七年、展覧会「ミニチュア・ブックス――ちっぽけな宝物四〇〇〇年の歴史」をニューヨークのグロリア・クラブで催した後、講演と展示のためにに来日したアン・C・ブロマーは小柄なアメリカ人女性だった。彼女は「ミニチュア・ブックは女性が収集するには最適。スペースは要らず、コレクションはスーツケースに容れて持ち運びできる」と熱弁を振るった。展覧会目録の限定版には、同じ内容のミニチュア・ブックが付属するが、中身の判読には拡大鏡が必要である。

さて一六世紀のことだが、貴族の女性たちの間で、ミニチュア・ブックをベルト（ガードル）からぶら下げるのが流行した。大英図書館が所蔵する、金で細工されたカバーをもち、首から、あるいはガードルからぶら下げるミニチュア・ブックの祈禱書（Stowe MS 956）をここで紹介しよう。

このミニチュア・ブックは、ジョン・クローク（一四八九―

一五五四)が書いた宗教詩や詩篇を含む羊皮紙写本である。サイズは四〇ミリ×三〇ミリで、ぶら下げて使用できるように、金の輪が取り付けられている。冒頭には、イングランド王ヘンリー八世(在位、一五〇九―四七)の肖像画が登場する。微笑みをたたえる王の表情を見ると、それは長い求婚期間中に恋人に見せた表情であるようにも思えてくる。ならば、この本は二番目の王妃、アン・ブーリン(一五〇七―三六)に贈られたものだったのではないかと考えたくなるが、それは噂に過ぎないようだ。現在では、出所に関する調査が行われて、これが噂の域を出ないことが明らかになっている。

すでに古書収集歴が半世紀を超えたわたしの元にも、意図せずにいくつかの豆本が集まった。たとえばカーターの豆本の定義を逸脱しているが、八・三センチ×五・二センチ、二四折の判型を持ち、金銀の糸で刺繍された「詩篇」(口絵参照、一六三〇、STC 2623)がある。

ホートンのコレクション

さて一九七九年一二月五日、ロンドンの競売会社、クリスティーズで「アーサー・A・ホートン・ジュニアが構築したミニチュア・ブックス蔵書」の競売があり、世の注目を集めた。プランタン、フルニエ(一七一二―六八)やディド(一七六四―一八三六)など、愛書家垂涎の印刷業者による傑作を含む全三五一点が並んだためだけではない。アメリカの実業家のコレクションとして、ニューヨークの愛書家が集まるグロリエ・クラブでの展覧会ですでに大好評を得ていたためである。

アーサー・A・ホートン・ジュニア（一九〇六―九〇）はステューベン・グラス工芸会社を経営しながら、メトロポリタン美術館やニューヨーク・フィルハーモニックの会長を務めた実業家である。全米でガラス製品の圧倒的なシェアを誇るコーニング・ガラス会社の経営者一家に生まれ、父親と同じハーヴァード大学を卒業後、家業を継いだ。しかしホートンはむしろ文化事業の慈善家としての業績が著しかった。

ホートンその人は、稀覯書の大コレクターだった。そして母校ハーヴァードに自分の名前を冠した図書館を寄贈する。この図書館は、イェール大学のバイネッケ稀覯書写本図書館と双璧である。また一九八〇年代には、多くの稀覯書をクリスティーズで競売、たまにはホートン自身が会場に陣取って、古書の行方を楽しそうに見守っていたという証言も残されている。

ホートン旧蔵書本で、ウィリアム・キャクストンが出版した『イングランド年代記』（初版一四八〇）を慶應義塾図書館が落札したことがあった。競売目録の解題には完全本だと記されていたが、落札された本はその後、大英図書館に送られ、当時インキュナビュラ部門を取りしきっていたロッテ・ヘリンガによって詳細に調査された。そして落札された初版の一葉が、一四八二年の第二版から供給されていたことが明らかになった。ヘリンガ博士の達眼は、句読点に用いられた斜線のわずかな長さの違いを見逃さなかったのである。

その後、この結果は競売会社に連絡され、落札者は、落札価格の一〇パーセントを割り引いてもらう僥倖を得たのであった。もちろん表紙裏には、ホートンの蔵書票が貼られていた。

ホートンのミニチュア本の競売目録には、三ページのカラー図版と一九ページにわたるモノクロ図版がついている。白眉は豪華な時禱書写本だった。一点は一四九〇年ごろブリュージュで、またもう一点は一五三〇年ごろにフランスのフォンテンブロー派によって制作されたものであると解説されている。後者は一万から一万五〇〇〇ポンド(当時一ポンドは三五〇円)と見積もられたが、天文学的数字で落札された。たかが豆本と侮れないことが理解できよう。

物言わぬ余白の力

「遅れに遅れてやってきたルネサンス的知性」

ニュー・クリティシズムのI・A・リチャーズ(一八九三―一九七九)、ケンブリッジの孤狼批評家F・R・リーヴィス(一八九五―一九七八)、『薔薇の名前』のウンベルト・エーコ、美術評論のエルンスト・ゴンブリッチ(一九〇九―二〇〇一)など、二〇世紀の西欧を代表する桁外れの知性による講筵の末席を汚してきたわたしだが、ジョージ・スタイナー(一九二九―二〇二〇)ほど印象的な傑物はいなかった。閨秀作家A・S・バイアット(一九三六―)がいみじくも「遅れに遅れてやってきたルネサンス的知性」とまで呼んだ人物である。ポリグロットで博覧強記の作家、哲学者、文芸評論家、比較文学者という多くの顔を持っていた。

一九七四年四月、この国際人は、慶應義塾大学が主催する連続セミナーに招聘されて来日した。スタイナーは訪日にはビザが必要なアメリカ国籍であったが、ロンドン経由でビザなしで羽田空港に降り立ったのである。迎えに出ていた我々の前に、予定よりも一時間遅れて現れたスタイナーは悪戯っ子のような表情で「まるでカフカの世界のようだった」と呟いた。「私のアイデンティティは、国や人、言語ではなく時の流れにある」と公言した、ユダヤ人らしい発想の持ち主だった。幼い頃、スタイナーはパリに住んでいたというが、家族はナチスの迫害を受けた。ジョージ・スタイナーだけが生き残ったのだという。

スタイナーは、翌日から一〇日間ほどの日程を精力的にこなした。二日間、三田の会議室で開催されたセミナーが一般に公開されなかったことは今も悔やまれるが、髙橋康也、喜志哲雄、富士川義之など外部からの招待者と塾内の主に文学系の中堅教授が出席、通訳なしの英独仏三か国語の発表に対して、スタイナーも三か国語で応答した。

言語社会学者、鈴木孝夫が「虹は何色だと思うか」と質問したが、「五色かな、六色かな。実はイギリスでは虹はほとんど出ないんだ」と頭をかかえ、「イギリスで最後に虹を見たのはワーズワースだった」と結んだ。たしかにワーズワースには「虹」と題する有名な詩がある。

来日中の四月二三日はスタイナーの誕生日だった。この日は、セント・ジョージ・デイであり、シェイクスピアの誕生日でもあり命日であった。おまけに慶應義塾の創立記念日でもあり、この度重なる偶然に、同行していた夫人と令嬢も大喜びだった。

セミナーの他に別の日に用意された、加藤周一、山口昌男、江藤淳らと対談にも参加、激しい論争に発展する場面もあった。これらは、ゲストの帰国後『文学と人間の言語――日本におけるG・スタイナー』(慶應義塾三田文学ライブラリー、一九七四)としてまとめられた。

クラシック音楽を好むスタイナーがNHK交響楽団の定期演奏会に招待された時、七五分を要するショスタコーヴィチの交響曲第七番「レニングラード」の演奏に対して、一言だけ「何と全体主義的な！」と評した。ドイツ・ナチス侵攻を意識した部分には、ユダヤ人スタイナーも感ずるところがあったのだろうか。

スタイナーの読書論

この年は、スタイナーがケンブリッジ大学の英文科とそりが合わず、三年間の講師としての契約を終え、秋にはジュネーヴ大学の比較文学講座の教授として赴任する時期だった。その後もケンブリッジに住んだスタイナーは、週末になると大学図書館で閲覧を続けた。朝九時の開館時間には入り口に並ぶ彼の姿があった。わたしも一九七五年夏から三年間彼の地に留学していたので、図書館で、またロンドン行きの列車を待つ駅のホームで挨拶する機会があった。

一九七六年三月だったと記憶する。ケンブリッジ大学の恩師デレク・ブルーア先生から「春休みにバーミンガム大学で、大学英語英文学教員協会の年次大会が開催されるから、ゲストとして参加してはどうか」と言われた。我が国の日本英文学会のようなもので、参加してみるとそこはオクスブリッジとロンドン、エディンバラ大学の同窓会のような雰囲気であった。二日目の特別講演は、スタイナーによるものだった。一八世紀ロココ時代のフランス人画家ジャン＝バチスト・シメオン・シャルダンが描いた「The Uncommon Reader」(普通でない読者)についての五〇分の図像学的なスライド講演だった。しかしこれだけワクワクしながら聴く講演は久しぶりだった。その内容は後に『言葉への情熱』(法政大学出版局、二〇〇〇)の冒頭に採録されたが、フェイバー&フェイバー版の原著の表紙には、《読書する哲学者》と題したシャルダンの絵が用いられている。

スタイナーの分析方法は、絵画に描き込まれた多くの物が持つ図像学的な属性を紹介しながら進めるものだった。外界の喧騒を遮断し夜間の静寂を示す室内の分厚いカーテン、室内にもかかわらず帽子を被り、いずまいを正した読者、余白に書き込むための鵞ペンとインク壺、時の流れを示す砂時計、永遠を象徴するメダル類等々を過不足なく解説した後、スタイナーは独自の読書論を提示した。現代でも真摯な読者には、寝転んで手にするペーパーバックではなく、きちんとした初版の、望むべくは余白が潤沢な大判紙版のフォリオ判がよい。何度も読み返して、余白にメモや感想などを書き残せるコピーによる読書を推奨した。後になって、そこに残した書き込み《マージナリア》と対峙するのは何と貴重な読書体験であろうかと力説した。

わたしは愛書家の端くれとして、スタイナーのこの結論に首肯したのだが、質疑応答では「そんな読み方は現代にはそぐわない」から始まる反論が次々に出た。ヒステリックに「なぜペーパーバックではいけないのか」と叫ぶ声さえあった。

ペーパーバックとは

しかしペーパーバックとは何なのか。ウィキペディアには「安価な紙に印刷され、ハードカバーのように皮や布や厚紙による表紙を用いていない形態の本のことである。並製本、仮製本、ペーパーカバーともいう」とあり、「簡便な出版物であり、コストを抑えるため、のりで背を貼り付けた無線綴じや、雑誌などで見られる針金(ホッチキス)で綴じる平綴じや中綴じを用いることが多く、ハードカバーの本より価格が安い」とその製本についても説明している。

その起源はドイツの印刷業者、出版社であったタウフニッツにあるといわれるが、第一次世界大戦以前は、「レクラム文庫」で知られるドイツのレクラム社刊行のUniversal-Bibliothekがもっとも有名なシリーズだった。このほか一九三五年にイギリスで始まったペンギン・ブックス、三九年にアメリカで創刊されたポケット・ブックスが人々に愛読されたと言われている。

先に見た説明からすれば、ペーパーバックは一般に「紙質が悪く、製本が粗雑である代わりに、価格が安い」、さらに、何か書き込みたいと思っても余白が小さいため、スタイナーのような読者には使えないものかもしれない。ハードカバーの愛好者の中には「本の本質に関わるハーフ・タイトル(前扉)がないペーパーバックは本とは呼べない」と主張する者もいるかもしれない。なるほどこう考えると、ペーパーバックは通勤電車や旅行中に読み捨てにされる宿命にあるということなのかもしれない。しかしこれを真面目に蒐集しようという輩はいないかと言えば、さにあらず、例えば英語圏の各地には古めかしい初版に狂奔するペンギン・ブックス・コレクターズ・クラブと呼ぶ組織がある。

ペンギン・ブックスは、一九三五年、アレン・レーン(一九〇二―七〇)が、兄弟と共同で設立した出版社である。創刊時には、ヘミングウェイ『武器よさらば』などが低価格(六ペンス)で販売され、好調な売上を達成し「ペーパーバック革命」を牽引したことで、よく知られるところである。

一九六〇年にはペンギン・ブックスからD・H・ロレンス『チャタレイ夫人の恋人』(初版一九二八)を出版している。同書は作者自身が予見したとおり、当初から大胆な性描写が問題視されていたが、ペンギン・ブックスでは無削除版を出版しようとしたため、発禁処分に遭いそうになりながらも裁判では無罪を勝ちとった。

ウィリアム・モリスの教え

一九世紀の出版人で、余白を重視した人物の一人はケルムスコット・プレスのウィリアム・モリスだった。彼は一八九三年、創立されたばかりのロンドン書誌学会での講演で、彼の考える「理想的な書物」について熱っぽく語った時、印刷者が留意すべきは「余白の大小にかかわらず、文字面との正しいプロポーションを保たねばならないことだ」と主張、また大判紙版に反対した。二年後、モリスが完全な書物について自説を述べた時、余白に関してより具体的に説明した。少々長いが全文を引用しよう。

ページ面における版面の位置について語らねばならない。つねに内側の欄外余白〔ノド〕をもっとも狭くし、上側〔天〕はいくらか広く、外側〔横の小口側〕はもう少し広く、そして下側〔地〕をもっとも広くとるようにする。中世の写本や印刷物で、この規則からはずれていることは決してない。現代の印刷者は、計画的に違反を犯している。したがって、一ページだけが書物の単位ではなく、見開き二ページがそれに当たる、という事実に抵触しているのはまったく明らかなのだ。わが国でもっとも重要な私立図書館の司書をしている友人が私に伝えてくれたところでは、彼が丹念に調査した結果、中世には、欄外余白は次々に二〇パーセントずつの差をもたせる規則があったとのことである。今日、こうした事柄、つまり余白の分配や位置は、美しい書物を作り上げるために非常に重要なことである。

（ヘルムート・プレッサー著『書物の本』、法政大学出版局、一九七三、二六五ページ）

ここに述べられた余白の比率は後にモリスの法則と呼ばれて、心ある人々に受け入れられた。

書籍の一ページを考えてみたとき、文字が配置される部分を版面と呼ぶが、モリスの法則に従えば、版面の外の余白は、ノド（綴じられている部分、内側）、天（上側）、小口（外側）、ケシタ（下側）の順序に、広くなっていく。具体的には、余白はノドを一とすると、天が一・二（一×一・二）、小口が一・四四（一・二×一・二）、地が一・七二八（一・四四×一・二）という比率になる計算である。

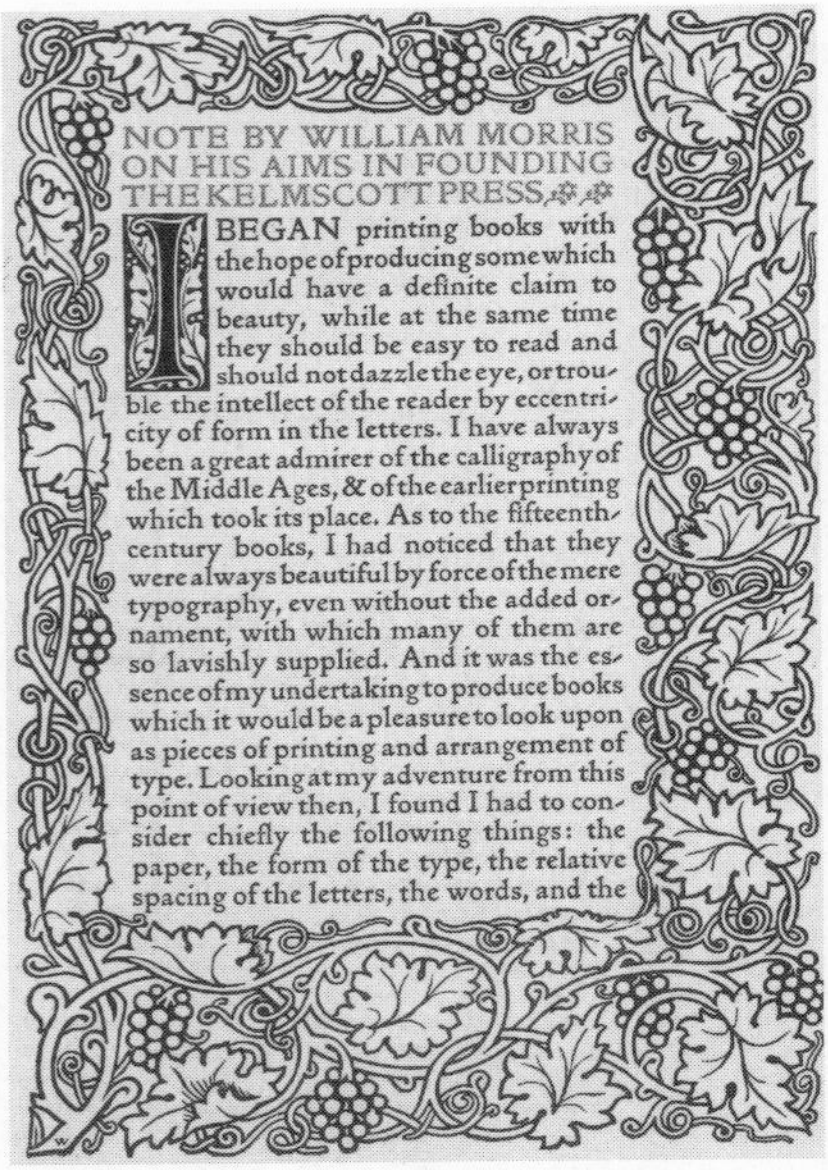
NOTE BY WILLIAM MORRIS ON HIS AIMS IN FOUNDING THE KELMSCOTT PRESS.

I BEGAN printing books with the hope of producing some which would have a definite claim to beauty, while at the same time they should be easy to read and should not dazzle the eye, or trouble the intellect of the reader by eccentricity of form in the letters. I have always been a great admirer of the calligraphy of the Middle Ages, & of the earlier printing which took its place. As to the fifteenth-century books, I had noticed that they were always beautiful by force of the mere typography, even without the added ornament, with which many of them are so lavishly supplied. And it was the essence of my undertaking to produce books which it would be a pleasure to look upon as pieces of printing and arrangement of type. Looking at my adventure from this point of view then, I found I had to consider chiefly the following things: the paper, the form of the type, the relative spacing of the letters, the words, and the

ウィリアム・モリスによるケルムスコット・プレス設立の目的の覚書

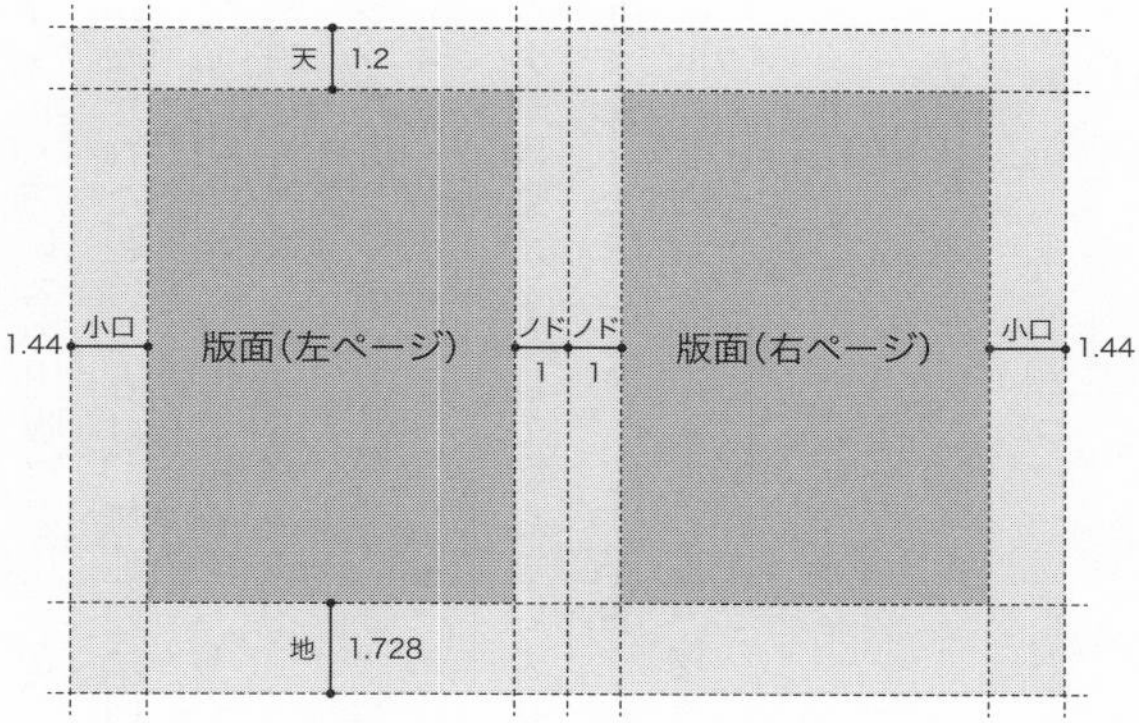

モリスの法則

1890年に撮影されたモリス(右)とエドワード・バーン=ジョーンズ．ケルムスコット・プレスにて

ヴィクトリア朝で大量生産、大量消費された書物を唾棄したモリスが生み出した、ケルムスコット・プレスの出版物を見ると、盟友エドワード・バーン＝ジョーンズが加わって欄外装飾が施された題扉などは、無地の余白を見慣れた現代の読者にはいささか抵抗感が残るかもしれない。しかし、余白に装飾のないページは美しい。注目すべきは、一五世紀にキャクストンが英訳して出版した『黄金伝説』を、一八九二年に半オランダ装丁（表紙のうち背以外の部分にオランダ紙を使い、背には通常リネンのクロスを使う継表紙の製本方法。オランダ紙は丈夫なことで知られている）の三巻本で復刻した時、モリスはわざわざ各巻に「この書を製本するのであれば、ページの端は整えるだけで切らないようにして欲しい」で始まる、製本についての指示書を別紙の形で挿入したことだ。この版面と均整がとれた美しい余白を見ていると、静寂の中から妙なる中世の楽の音が聞こえてくる。物言わぬ余白の力である。

第二グーテンベルク革命

HUMIプロジェクト

紙の書物が電子書籍に凌駕され終焉を迎えるのではないか——前世紀の終わりから危惧される一方で、情報のデジタル化はその実験段階をとうに過ぎて、実践されるまでになった。紙の書物がデジタル化されるメリットの一つは、数々の稀覯書が多くの一般人の興味を惹く可能性があることだろう。

二〇世紀末、大英図書館において、慶應義塾大学HUMIプロジェクトチームが、「グーテンベルク聖書」のデジタル化を敢行した。各巻六五〇ページ、全二巻、二セットで計二六〇〇ページの「グーテンベルク聖書」デジタル化は多くの耳目を引いた。その効果もあったのだろう、インターネットのアクセス件数はわずか一か月で一〇〇万回に達した。大英図書館初のデジタル化事業だった。ウェブサイトの画像を見て、図書館の至宝展示コーナーに来る来訪者も一挙に増えたと聞く。

稀覯書のデジタル化のために、アーカイヴ用に真上から均一の照明をあてて撮影する従来の方法のほか、興味深い技術が開発されている。

一九世紀中葉に始まるパルプを原料とする紙を用いた印刷とは異なって、それ以前の活版印刷術では、手漉きの紙を湿らせた上で印刷していた。そのため印刷後の表面には凸凹があった。均一な表面にするためには工房内に張り巡らせた洗濯紐にかけて少なくとも一日は乾かし、その後、製本前にプレスをかける必要があったが、ウィリアム・モリスはこれを嫌った。プレスを強くかけると平らになった印刷面から手引印刷の力強さが消えるからである。

慶應義塾所蔵のグーテンベルク聖書はドヒーニ夫人旧蔵だが、印刷時の状態が維持され、製本時におけるプレスの形跡もなく、印刷面の凸凹は顕著であった。そのため、HUMIプロジェクトでは、細かな穴を開けたプラスチック製の下敷きを印刷ページ面の下に敷き、穴からバキューム・クリーナーで空気を吸い出して、瞬間的に平面を保ってその状態を撮影するための技術を開発した。一方、蜂の巣状のハニカム・グリッドを用いて、ほとんど真横に近い角度から開いたページを撮ってみると、凸凹、つまり印圧が浮かび上がって明らかになる。

答えは誰にも分からない

一九九七年にラリー・ページ（一九七三―　）とセルゲイ・ブリン（一九七三―　）が開発した

Google の検索エンジンは、World Wide Web 上で最も多く用いられている。二〇〇五年から一六年にかけて争われた全米作家組合および全米出版社協会との訴訟は Google の勝訴に終わった。この問題を取り上げた、一八世紀啓蒙思想の研究者ロバート・ダーントン(一九三九―)が、書物の未来を見据えて分析を試みたのは二〇〇九年のことであった。

ここ四年の間、グーグルは著作権に守られた多くの書籍を含む何百万点もの書籍を、主要な研究図書館の蔵書を使ってデジタル化し、その本文をオンラインで検索可能にしてきた。著者や出版社は、その行為は彼らが所有する著作権を法的に侵害するとしてデジタル化に反対した。長期間にわたる交渉の後、原告側とグーグル側は和解合意にこぎつけたが、これは近い未来、読者に書籍を届けるやり方に甚大な影響を及ぼすであろう。さて、その未来とはいかなるものだろうか。

答えは誰にも分からない。

(拙訳「グーグルと書物の未来」、『思想』一〇二二号、二〇〇九年六月、一七四ページ)

この言葉にある通り、今も明確な答えは出ていない。興味深いことに、ちょうどその頃、原題 *N'espérez Pas Vous Débarrasser Des Livres* (2009) がフランス語版と英語版で出版され、日本における電子書籍元年といわれた二〇一〇年に、邦訳『もうすぐ絶滅するという紙の書物について』が出版されている(阪急コミュニケーションズ)。絶妙なタイトルと絶好のタイミングで出版された翻訳は、見返しページを含めてまるで書物を墓石としてイメージしたかのような、黒ずくめの装丁と三方の小口が青く塗られた印象的な装いで登場した。

その中身は、ウンベルト・エーコと、映画『存在の耐えられない軽さ』などの脚本で知られる脚本家、作家のジャン゠クロード・カリエール(一九三一―二〇二一)による書物に関する対談である。いずれも西欧を代表する知性だった。帯には「紙の本は、電子書籍に駆逐されてしまうのか?」とある。ただし、一読すると決して悲観的な内容ばかりではない。対談のコーディネーターを務めたジャン゠フィリップ・ド・トナックによる序文でも、グーテンベルクによる活版印刷の発明以後も写本が制作されて売買されたように、映画は絵画を駆逐せず、テレビは映画を滅亡させせなかったことが強調されている。

図書館情報学の見地から

では最近の傾向はどうか。慶應義塾大学で図書館情報学を専攻する安形麻理《あがたまり》教授は、具体例を挙げて、次のように分析してくれた。

・紙の本の売上額が減少する一方であるのに対して、電子書籍の売上は増え続けている。二〇一〇年頃には日本の書籍市場全体(売上額)の三パーセント程度であったが、一三年頃からタブレットやスマホ向けの電子書籍が増え、二〇一〇年代後半から一割を超えた。二〇二〇年度はコロナ禍もあって、二四パーセント(統計によってはもっと高い割合)を占める。

・電子書籍売上の八割はコミックであり、いわゆる文字ものは一割強、しかもそれはライトノベルや一部のビジネス書・実用書が中心である。一般的な小説の電子書籍版の売上額は極めて少ないことがわかる(インプレス総合研究所『電子書籍ビジネス調査報告書』各年度版より)。

・有料の電子書籍・電子コミックスを購入するより若干多い人数が、無料の電子書籍・電子コミックスのみを読んでいるというアンケート結果にもあまり変化がない。電子書籍をどこで読むかというと、実は自宅、自室などが一番多いという。

・電子書籍化に積極的な出版社とそうでない出版社がはっきり分かれている。二〇一七年の国内出版物の調査からは、大手出版社は積極的な傾向があること、全体としては三六・六パーセントが電子化されており、特にコミックは八三・二パーセント、小説は七四・二パーセントと、電子化される割合が高い。日本語の学術書は二四・六パーセントと

低い（https://www.jstage.jst.go.jp/article/jslis/65/2/65_84/_article/-char/ja/〔二〇二二年一二月二七日閲覧〕）。

・小説はかなり電子書籍化されているが、売上額としては低い。小説を買う読者は紙の本の方を好むということかもしれない。ただし、コロナ禍の影響の一つとして、自著の電子書籍化に断固反対であったベストセラー作家が、電子書籍化を許可するといった事態も起きており、今後、小説を電子書籍版で読む割合が多少高まる可能性がある。

・著作権保護期間が満了した、パブリック・ドメインの資料のデジタル化は、以前にもまして急速に進んでいるように思われる。貴重書の公開や利用、活用のあり方に関する議論や取り組みが格段に進みつつある。ＨＵＭＩプロジェクトの初期には、図書館側は「不正」利用を懸念してデータの公開に慎重であったし、利用者側にも高速・大容量インターネット回線への常時接続は普及していなかった。しかし常時接続が身近になり、公開の理念が広く共有されるようになってきた。

・二〇一四年に京都府立総合資料館（現京都府立京都学・歴彩館）が東寺百合文書（東寺の荘園に関する八世紀から一八世紀までの約二万五〇〇〇通の文書）のデジタル画像と目録データの公開にあたり、同館の所蔵であることを示せば自由に公開できるクリエイティブ・コモンズ表示２・１日本ライセンス（CC BY2.1 JP；https://creativecommons.org/licenses/by/2.1/jp/

（二〇二二年一二月二七日閲覧））を選択したのは画期的であった。CC0（シー・シー・ゼロ）（作者の著作権を含む極力多くの権利を手放し、パブリック・ドメインへの供与を宣言する法的ツール）や、Rights Statements（RS）として権利状態を表示する仕組みの採用例もある。

・ブロードバンドが普及したといっても、実は都市部だけであったり（米国の農村部では三割の家庭がブロードバンドに接続していないという調査もある）、貧困層には届いていないことは問題で、こちらは政府による取り組みが進んでいくことを期待したい。そして公共図書館が、誰もが情報にアクセスできるという拠点になるべきだということが共有されている英米では、移動図書館が本だけでなく、パソコンやWi-Fiルータを積んで走るといったことも行われている。

歴史が物語るように、焚書坑儒《ふんしょこうじゅ》のような事件が起きれば、書物は焼かれ放擲される運命となる。一六世紀前半に英国国教会を樹立したヘンリー八世は、「迷信深い書物」の所有や制作を禁じたため、それまでカトリック教会で用いられていたミサ典礼書の写本は燃やされたり、捨てられたりした。こんな想定外の事態はもうやってこないと仮定すれば、今後は世界を駆け巡る情報は電子書籍で享受し、従来のように手触りやインクの匂いを愛おしく感じながら読みたい読者は紙の書物というところではないか。両者は共存するはずである。

ジャン＝フィリップ・ド・トナックは「我々が文化と呼んでいるものは、じつは選抜と篩《ふる》い落しからなる長いプロセスを経てもたらされたもの」だという。現代の読者はこの言葉をどう受け止めるだろうか。

コラム　蔵書票が語る本の歴史

Architectural History of the University of Cambridge and of the Colleges of Cambridge and Eton で知られたケンブリッジ大学トリニティ・コレッジのフェローのJ・W・クラークは、一九〇〇年にケンブリッジ大学サンダーズ・リーダーに選出されて書誌学講座を担当した。次の本は、その内容が収録されたものである。英国の古本屋との付き合いも半世紀を超えるが、手元に集まった本の中でも愛着のある一冊をここでは紹介しよう。

John Willis Clark, *The Care of Books: An Essay on the Development of Libraries and their Fittings, from the Earliest Times to the End of the Eighteenth Century*, 2nd ed., Cambridge: Cambridge University Press, 1902

九三ページでも紹介したこの本は、日本語に訳せば、『書物の管理——図書館とその装備品の発展に関するエッセイ、最古から一八世紀末まで』となる。ヨーロッパ各地の図書館に関する歴史的な情報を一五〇点以上の挿絵入りで紹介しており、現在でもよく読まれているものである。小型フォリオ判で索引付きで三五二ページ、黒色のクロス装である。

　私蔵本の見返しには、三人の著名な所蔵者の蔵書票やブック・ラベルが貼られている。最も古いのは、中央に貼られたアランデルとキャサリン・エズデイル夫妻の大きめの蔵書票で、ギリシャ語による警句が印刷されている。アランデル・エズデイル（一八八〇—一九五六）は、大英博物館の事務局長や図書館協会の会長を務めた。一九一二年に出版した *A List of English Tales and Prose Romances Printed Before 1740* は後に復刻もされた。一九二六年にはサンダーズ・リーダーとして講演を行い、二年後に、*The Sources of English Literature: A Bibliographical Guide for Students, Sandars Lectures 1926* をケンブリッジ大学出版局から出版、その翌年には訂正版を出した。日本では丸善が販売を担当し、我が国の英文学研究者によく用いられた。彼は三九年にリヴァプール

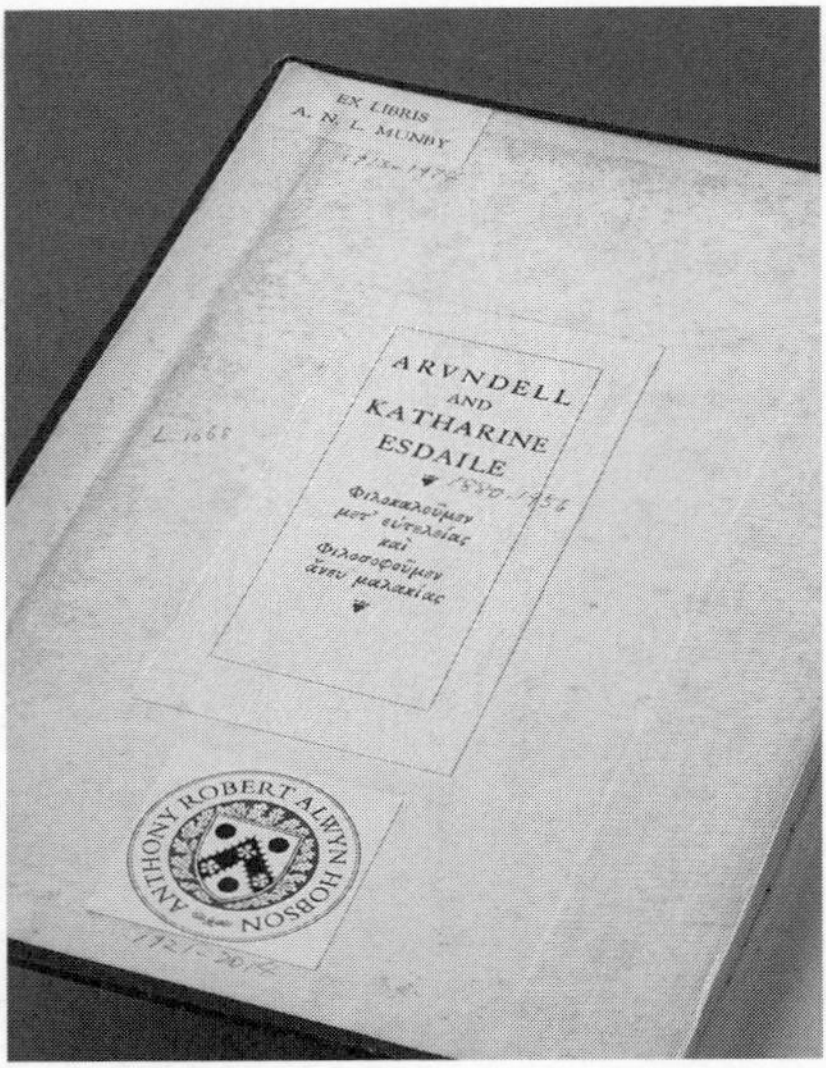

見返しに３名の著名な書誌学者（エズデイル，マンビー，ホブソン）の蔵書票が見られる．著者のクラークを含め全員がケンブリッジ大学のサンダーズ書誌学講座のリーダーだった

大学から名誉学位、五二年には大英帝国勲位三等の勲章を得た。

見返し上方に見えるブックラベルには、A・N・L・マンビー(一九一三―七四)の名前が見える。一九世紀の中世写本蒐集家サー・トマス・フィリップスに関する五巻本の主著のほか、書誌学や愛書趣味に関する著作を残した。戦時中、ドイツに抑留されて書いた怪奇小説『アラバスターの手』(国書刊行会、二〇二〇)も人気がある。その先達M・R・ジェームズが所属したケンブリッジ大学キングズ・コレッジの図書館長の要職にあったが、わたしが留学する半年前の一九七四年一二月に急死した。彼の遺徳を偲んで、ダーウィン・コレッジにはマンビー・フェローシップが設けられ、わたしもささやかながら寄付に応じた。

見返しの下部には、アンソニー・ロバート・ホブソン(一九二一―二〇一四)の紋章入りブックラベルが貼られている。オクスフォード大学出身のホブソンは、初期製本の研究で名高くサザビーズを買収したG・D・ホブソンの息子で、長くサザビーズの書物部長を務めた。国際愛書家協会の会長として来日したことがある。フランス語やイタリア語を流暢に操り、物腰も英国紳士の鑑のような人物だった。彼は本書のコピーが市場に出ると、該当する目録を切り取って挟み込むという几帳面さを持っていた。

現本はジェームズ・ファーガソンの古書目録に出たものを七五ポンドで入手した。

おわりに

神保町での古書体験は、父が連れて行ってくれた十二歳の時に始まります。また大学院生の時雄松堂書店で出会った革装の洋古書の美しさに魅惑されました。三十一歳でケンブリッジ大学に留学した三年間、その町の大小六軒の古書店に入り浸りました。

そこの愛書家クラブで出会った同世代の面々とは、今でも交流があります。フィリップ・ギャスケル博士は書誌学の演習で「目を肥やせ」(Train your eyes)を連発されました。それをきっかけにわたしは大学図書館の貴重書室に通いつめ、大英図書館やボドリー図書館にも足しげく通いました。こうした経験から西洋書物史を概観する書物を執筆する夢を抱いて、半世紀を過ごしました。

皆さんが手に取ってくださる本書は、こうして生まれたのです。その間多くの先行研究書に刺激され、内外の一流研究者との交流が続きました。一九八六年にはおそらく日本人として最初のＦＳＡ(ロンドン好古家協会フェロー)に選ばれ、二〇一七年にはケンブリッジ大学のサンダーズ書誌学講座リーダーとして講演を行いました。本書のコラムで取り上げたＪ・Ｗ・クラークをはじめ、彼の書を紐解いて蔵書票を残した三人もこのリーダー（上級講師と教授の間にある職位）でした。

人生の秋を迎えた私は、本書を若い読者にも読んでもらいたいと思いました。例えば、図書館や書店で見る洋書の背表紙に印刷されたタイトルが上からか下からか表記されている事実に気づいた皆さんなら、またなぜフランスの本の目次は末尾にあるのか関心を持たれた皆さんなら、本書から何かを得ることができるかもしれません。

高宮利行

二〇二三年一月

岩波新書新赤版一〇〇〇点に際して

ひとつの時代が終わったと言われて久しい。だが、その先にいかなる時代を展望するのか、私たちはその輪郭すら描きえていない。二〇世紀から持ち越した課題の多くは、未だ解決の緒を見つけることのできないままであり、二一世紀が新たに招きよせた問題も少なくない。グローバル資本主義の浸透、憎悪の連鎖、暴力の応酬――世界は混沌として深い不安の只中にある。

現代社会においては変化が常態となり、速さと新しさに絶対的な価値が与えられた。消費社会の深化と情報技術の革命は、種々の境界を無くし、人々の生活やコミュニケーションの様式を根底から変容させてきた。ライフスタイルは多様化し、一面では個人の生き方をそれぞれが選びとる時代が始まっている。同時に、新たな格差が生まれ、様々な次元での亀裂や分断が深まっている。社会や歴史に対する意識が揺らぎ、普遍的な理念に対する根本的な懐疑や、現実を変えることへの無力感がひそかに根を張りつつある。そして生きることに誰もが困難を覚える時代が到来している。

しかし、日常生活のそれぞれの場で、自由と民主主義を獲得し実践することを通じて、私たち自身がそうした閉塞を乗り超え、希望の時代の幕開けを告げてゆくことは不可能ではあるまい。そのために、いま求められていること――それは、個と個の間で開かれた対話を積み重ねながら、人間らしく生きることの条件について一人ひとりが粘り強く思考することではないか。その営みの糧となるものが、教養に外ならないと私たちは考える。歴史とは何か、よく生きるとはいかなることか、世界そして人間はどこへ向かうべきなのか――こうした根源的な問いとの格闘が、文化と知の厚みを作り出し、個人と社会を支える基盤としての教養となった。まさにそのような教養への道案内こそ、岩波新書が創刊以来、追求してきたことである。

岩波新書は、日中戦争下の一九三八年一一月に赤版として創刊された。創刊の辞は、道義の精神に則らない日本の行動を憂慮し、批判的精神と良心的行動の欠如を戒めつつ、現代人の現代的教養を刊行の目的とする、と謳っている。以後、青版、黄版、新赤版と装いを改めながら、合計二五〇〇点余りを世に問うてきた。そして、いままた新赤版が一〇〇〇点を迎えたのを機に、人間の理性と良心への信頼を再確認し、それに裏打ちされた文化を培っていく決意を込めて、新しい装丁のもとに再出発したいと思う。一冊一冊から吹き出す新風が一人でも多くの読者の許に届くこと、そして希望ある時代への想像力を豊かにかき立てることを切に願う。

（二〇〇六年四月）

高宮利行

1944年東京都生まれ．73年，慶應義塾大学大学院英文学専攻博士課程単位取得退学，78年ケンブリッジ大学英文学部博士課程単位取得退学．慶應義塾大学助教授を経て，85年同教授．2016-17年ケンブリッジ大学サンダーズ書誌学講座リーダー．専門は中世英文学，書物史．現在，慶應義塾大学名誉教授．シェフィールド大学名誉文学博士，グラスゴー大学名誉文学博士．
著書に『西洋書物学事始め』(青土社，1993年)，『グーテンベルクの謎——活字メディアの誕生とその後』(岩波書店，1998年)，『書物に魅せられた奇人たち——英国愛書家列伝』(勉誠出版，2021年)など多数．

西洋書物史への扉　　岩波新書(新赤版)1963

2023年2月21日　第1刷発行

著　者　高宮利行《たかみやとしゆき》

発行者　坂本政謙

発行所　株式会社 岩波書店
〒101-8002 東京都千代田区一ツ橋2-5-5
案内 03-5210-4000　営業部 03-5210-4111
https://www.iwanami.co.jp/

新書編集部 03-5210-4054
https://www.iwanami.co.jp/sin/

印刷・三秀舎　カバー・半七印刷　製本・中永製本

ISBN 978-4-00-431963-4　　Printed in Japan

参考文献

- 日本語文献と外国語文献に分けて記す．外国語文献の邦訳書がある場合は，原著に続けて記した．
- 辞書，事典類は省略した．
- 出版地が東京である場合は省略した．

I 日本語文献

池田彌三郎(編集代表)『文学と人間の言語』慶應義塾三田文学ライブラリー，1974

大黒俊二『声と文字』岩波書店，2010

渋川雅俊『目録の歴史』勁草書房，1985

清水一嘉『イギリス近代出版の諸相』世界思想社，1999

寿岳文章『書物の世界 定版』出版ニュース社，1973

――――『図説本の歴史』日本エディタースクール出版部，1982

庄司浅水『本・本の世界』毎日新聞社，1970

髙宮利行『西洋書物学事始め』青土社，1993

――――『愛書家の年輪』図書出版社，1994

――――『グーテンベルクの謎』岩波書店，1998

――――『本の世界はへんな世界』雄松堂書店，2012

――――『書物に魅せられた奇人たち』勉誠出版，2021

――――，原田範行(共著)『図説 本と人の歴史事典』柏書房，1997

――――，松田隆美(共編)『中世イギリス文学入門』雄松堂出版，2008

富田修二『グーテンベルク聖書の行方』図書出版社，1992

長澤規矩也『書誌学序説』吉川弘文館，1960

松田隆美，原田範行，髙橋勇(編著)『中世主義を超えて』慶應義塾大学出版会，2009

南川高志『増補新版 海のかなたのローマ帝国』岩波書店，2015

箕輪成男『紙と羊皮紙・写本の社会史』出版ニュース社，2004

宮下志朗『本の都市リヨン』晶文社，1989

八木健治『羊皮紙の世界』岩波書店，2022

八木佐吉『書物往來』東峰書房，1975

『大英博物館「アッシリア大文明展――芸術と帝国」』朝日新聞社文化企画局東京企画部，1996

II　外国語文献と翻訳

Adams, Henry, *Mont-Saint-Michel and Chartres*, with an introduction of Ralph Adams Cram, Boston and New York: Houghton Mifflin, 1904, eighteenth impression, 1928/ヘンリー・アダムズ『モン・サン・ミシェルとシャルトル』野島秀勝(訳), 法政大学出版局, 2004

Alexander, Michael, *Medievalism: The Middle Ages in Modern England*, New Haven and London: Yale University Press, 2007/マイケル・アレクサンダー『イギリス近代の中世主義』野谷啓二(訳), 白水社, 2020

Anderson, Glenn A., 'The Emergence of the Book', *College & Research Libraries*, v. 49, n. 2, 1988, pp. 111–116

Anstruther, Ian, *The Knight and the Umbrella: An Account of the Eglinton Tournament 1839*, London: Geoffrey Bles, 1963

Armas, Armando, *Public Libraries and the Wealth of Nations: Biblioeconomy of the Philippines*, Pangasinan: Manaoag Research House, 2008

Arnett, John Andrews, *Bibliopegia, or The Art of Bookbinding in All Its Branches*, London: R. Groombridge, 1835

Ball, Douglas, *Victorian Publishers' Bindings*, London: Library Association, 1985

Barker, Nicolas *et al.*, *Treasures of the British Library*, London: British Library, 1988/ニコラス・バーカー, 大英図書館専門スタッフ(共同執筆)『大英図書館』髙宮利行(監訳), 松田隆美ほか(訳), ミュージアム図書, 1996

———, *The Roxburghe Club: A Bicentenary History*, London: Roxburghe Club, 2012

Baudin, Fernand *et al.*, *The Book Through Five Thousand Years: A Survey*, Hendrik D. L. Vervliet (ed.), with an introduction by Herman Liebaers & an afterword by Ruari McLean, London and New York: Phaidon, 1972

Beckwith, Alice H. R. H., *Victorian Bibliomania: The Illuminated Book in 19th-Century Britain*, Providence: Museum of Art, Rhode Island School of Design, 1987

Blake, N. F., *Caxton and His World*, London: Andre Deutsch, 1969

———, *Caxton's Own Prose*, London: Andre Deutsch, 1975

———, *Caxton: England's First Publisher*, London: Osprey, 1976

———, *William Caxton and English Literary Culture*, London and Rio Grande, Ohio: Hambledon Press, 1991

Brewer, Derek S., 'The Hoole Book', in *Essays on Malory*, J. A. W. Bennett (ed.), Oxford: Clarendon Press, 1963, pp. 41–63

Bromer, Anne C., and Edison, Julian I., *Miniature Books: 4000 Years of Tiny*

Treasures, New York: Abrams, in association with the Grolier Club, New York, 2006
Bühler, Curt F., 'An Unusual Fifteenth-Century Manuscript', *La Bibliofilía*, vol. 42, no. 1/3, 1940, pp. 65-71
———, *The Fifteenth-Century Book: The Scribes, the Printers, the Decorators*, Philadelphia: University of Pennsylvania Press, 1960
Cantor, Norman F., *Inventing the Middle Ages: The Lives, Works, and Ideas of the Great Medievalists of the Twentieth Century*, Cambridge: Lutterworth Press, 1992/ノーマン・F. キャンター『中世の発見』朝倉文市，横山竹己，梅津教孝(訳)，法政大学出版局，2007
Carruthers, Mary, *The Book of Memory: A Study of Memory in Medieval Culture*, Cambridge: Cambridge University Press, 1990/メアリー・カラザース『記憶術と書物』別宮貞徳(監訳)，工作舎，1997
Carter, John, *John Carter's ABC for Book Collectors*, ninth edition, illustrated, revised by Nicolas Barker and Simran Thadani, New Castle, Del.: Oak Knoll, 2016/ジョン・カーター『西洋書誌学入門』(ニコラス・ベーカー改訂による第6版)横山千晶(訳)，図書出版社，1994
Carter, John, and Muir, Percy H. *et al.* (eds.), *Printing and the Mind of Man: The Impact of Print on Five Centuries of Western Civilization*, London: Cassell, 1967/J. カーター，P. H. ムーア(編)『西洋をきずいた書物』西洋書誌研究会(訳)，雄松堂書店，1977
——— (eds.), *Printing and the Mind of Man: The Impact of Print on Five Centuries of Western Civilization*, second edition, revised and enlarged, Munich: Karl Pressler, 1983
Cavallo, Guglielmo, and Chartier, Roger (eds.), *Histoire de la Lecture dans le Monde Occidental*, Paris: Éditions Du Seuil, 1997/ロジェ・シャルティエ，グリエルモ・カヴァッロ(編)『読むことの歴史』田村毅，片山英男，月村辰雄，大野英二郎，浦一章，平野隆文，横山安由美(訳)，大修館書店，2000
Chambers, E. K., *The History and Motives of Literary Forgeries: Being the Chancellor's English Essay for 1891*, Oxford and London: Blackwell and Simpkin, Marshall & Co, 1891
Chandler, Alice, *A Dream of Order: The Medieval Ideal in Nineteenth-Century English Literature*, Lincoln: University of Nebraska Press, 1970/アリス・チャンドラー『中世を夢みた人々』髙宮利行(監訳)，慶應義塾大学髙宮研究会(訳)，研究社出版，1994
Chartier, Roger (ed.), *Pratiques de la Lecture*, Paris: Rivages, 1985/ロジェ・シ

ャルチエ(編)『書物から読書へ』水林章，泉利明，露崎俊和(訳)，みすず書房，1992
———, *Cultural History: Between Practice and Representations*, Lydia G. Cochrane (tr.), Cambridge: Polity Press in association with Blackwell, 1988 / ロジェ・シャルチエ『読書の文化史』福井憲彦(訳)，新曜社，1992
———, *Lectures et Lecteurs, dans la France d'Ancien Régime*, Paris: Éditions Du Seuil, 1987 / ロジェ・シャルチエ『読書と読者』長谷川輝夫，宮下志朗(訳)，みすず書房，1994
Chaytor, H. J., *From Script to Print: An Introduction to Medieval Vernacular Literature*, Cambridge: Cambridge University Press, 1945
Clark, John Willis, *The Care of Books: An Essay on the Development of Libraries and their Fittings, from the Earliest Times to the End of the Eighteenth Century*, second edition, Cambridge: Cambridge University Press, 1901
Clemens, Raymond, Ducharme, Diane, and Ulrich, Emily (eds.), *A Gathering of Medieval English Manuscripts: The Takamiya Collection at the Beinecke Library*, New Haven: Beinecke Rare Book & Manuscript Library, Yale University, 2017
Collins, A. S., *Authorship in the Days of Johnson: Being a Study of the Relation between Author, Patron, Publisher, and Public, 1726–1780*, London: Robert Holden, 1927 / A. S. コリンズ『十八世紀イギリス出版文化史』青木健，榎本洋(訳)，彩流社，1994
Cowtan, Robert, *Memories of the British Museum*, London: R. Bentley, 1872
Crook, J. Mordaunt, *William Burges and the High Victorian Dream*, London: John Murray, 1981
Darnton, Robert, *The Literary Underground of the Old Regime*, Cambridge, Mass.: Harvard University Press, 1982 / ロバート・ダーントン『革命前夜の地下出版』関根素子，二宮宏之(訳)，岩波書店，2000
———, 'Google & the Future of Books', *The New York Review*, Feb. 12, 2009 / ロバート・ダーントン「グーグルと書物の未来」髙宮利行(訳)，『思想』1022号，2009，pp. 173–185
De Bury, Richard, *The Love of Books: The Philobiblon of Richard de Bury*, E. C. Thomas (tr.), London: Alexander Moring, 1902 / リチャード・ド・ベリー『フィロビブロン』古田暁(訳)，大阪フォルム画廊出版部，1972
De Hamel, Christopher, *A History of Illuminated Manuscripts*, Oxford: Phaidon, 1986; second edition, revised and enlarged, 1994
———, *Making Medieval Manuscripts*, Oxford: Bodleian Library, University of

Oxford, 2018／クリストファー・ド・ハメル『中世の写本ができるまで』加藤磨珠枝(監修)，立石光子(訳)，白水社，2021
De Ricci, Seymour, *English Collectors of Books and Manuscripts (1530–1930) and Their Marks of Ownership*, Cambridge: Cambridge University Press, 1930
Destrez, Jean, *La « Pecia » dans les Manuscrits Universitaires du XIIIe et du XIVe Siècle*, Paris: Éditions Jacques Vautrain, 1935
Dibdin, Thomas Frognall, *Bibliomania, or, Book Madness: A Bibliographical Romance, in Six Parts*, London, 1811
———, *Supplement to the Bibliotheca Spenceriana*, London, 1822
———, *Reminiscences of a Literary Life*, 2 vols., London, 1836
Duff, E. Gordon, *William Caxton*, Chicago: Caxton Club, 1905
Eco, Umberto, *Il Nome della Rosa*, Milano: Bompiani, 1980／ウンベルト・エーコ『薔薇の名前』河島英昭(訳)，東京創元社，1990
Eco, Umberto, and Carrière, Jean-Claude, *N'espérez Pas Vous Débarrasser des Livres*, Paris: Le Livre de Poche, 2009／ウンベルト・エーコ，ジャン＝クロード・カリエール『もうすぐ絶滅するという紙の書物について』工藤妙子(訳)，阪急コミュニケーションズ，2010
Eisenstein, Elizabeth L., *The Printing Revolution in Early Modern Europe*, Cambridge: Cambridge University Press, 1983／エリザベス・アイゼンステイン『印刷革命』別宮貞徳(監訳)，小川昭子，家本清美，松岡直子，岩倉桂子，国松幸子(訳)，みすず書房，1987
Fairbank, Alfred J., *The Story of Handwriting: Origins and Development*, London: Faber, 1970
Feather, John, *A History of British Publishing*, second edition, London: Routledge, 2006／ジョン・フェザー『イギリス出版史』箕輪成男(訳)，玉川大学出版部，1991
Febvre, Lucien, and Martin, Henri-Jean, *L'Apparition du Livre*, Paris: Albin Michel, 1971／リュシアン・フェーヴル，アンリ＝ジャン・マルタン『書物の出現』全2巻，関根素子，長谷川輝夫，宮下志朗，月村辰雄(訳)，筑摩書房，1985
Gaines, Barry, 'A Forgotten Artist: John Harris and the Rylands Copy of Caxton's Edition of Malory', *Bulletin of the John Rylands Library* 52(1), 1969, pp. 115–128
Gaskell, Philip, *A New Introduction to Bibliography*, Oxford: Clarendon Press, 1972
Gekoski, Rick, *Tolkien's Gown & Other Stories of Great Authors and Rare Books*,

London: Constable, 2004／リック・ゲコスキー『トールキンのガウン』髙宮利行(訳)，早川書房，2008

Giraldus Cambrensis, *Topographia Hibernica, et Expugnatio Hibernica*, James F. Dimock (ed.), London: Longmans, Green, Reader and Dyer, 1867／ギラルドゥス・カンブレンシス『アイルランド地誌』有光秀行(訳)，青土社，1996

Girouard, Mark, *The Return to Camelot: Chivalry and the English Gentleman*, New Haven: Yale University Press, 1981／マーク・ジルアード『騎士道とジェントルマン』髙宮利行，不破有理(訳)，三省堂，1986

Glaister, Geoffrey Ashall, *Encyclopedia of the Book*, revised edition of *Glossary of the Book*, 1979, with a new introduction by Donald Farren, New Castle, Del.: Oak Knoll, and London: British Library, 1996

Gordan, Phyllis Walter Goodhart (tr.), *Two Renaissance Book Hunters: The Letters of Poggius Bracciolini to Nicolaus de Niccolis*, New York: Columbia University Press, 1974

Grafton, Anthony, Shelford, April, and Siraisi, Nancy, *New Worlds, Ancient Texts: The Power of Tradition and the Shock of Discovery*, Cambridge, Mass.: Belknap Press of Harvard University Press, 1995

Griffiths, Jeremy and Pearsall, Derek (eds.), *Book Production and Publishing in Britain 1375–1475*, Cambridge: Cambridge University Press, 1989

Havelock, Eric A., *The Literate Revolution in Greece and Its Cultural Consequences*, Princeton: Princeton University Press, 1982

Hellinga, Lotte, *Caxton in Focus: The Beginning of Printing in England*, London: British Library, 1982／ロッテ・ヘリンガ『キャクストン印刷の謎』髙宮利行(訳)，雄松堂出版，1991

———, *William Caxton and Early Printing in England*, London: British Library, 2010／ロッテ・ヘリンガ『初期イングランド印刷史』髙宮利行(監修)，徳永聡子(訳)，雄松堂書店，2013

Henderson, Philip, *William Morris: His Life, Work and Friends*, London: Thames and Hudson, 1967／フィリップ・ヘンダースン『ウィリアム・モリス伝』川端康雄，志田均，永江敦(訳)，晶文社，1990

Hobson, Anthony, *Great Libraries*, London: Weidenfeld & Nicolson, 1970

Holliday, Peter, *Edward Johnston: Master Calligrapher*, London: British Library, 2007

Humphreys, Henry Noel, *The Origin and Progress of the Art of Writing*, London: Ingram, Cooke, 1853, second edition, Day & Son, 1855, in papier-mâché binding

Husbands, Shayne, *The Early Roxburghe Club 1812–1835: Book Club Pioneers and the Advancement of English Literature*, London and New York: Anthem Press, 2017
Johnston, Arthur, *Enchanted Ground: the Study of Medieval Romance in the Eighteenth Century*, London: Athlone, 1964
Johnston, Edward, *Writing & Illuminating & Lettering*, sixteenth edition, London: Pitman, 1929／エドワード・ジョンストン『書字法・装飾法・文字造形』遠山由美(訳), 朗文堂, 2005
Joni, Icilio Federico, *Le Memorie di un Pittore di Quadri Antichi*, Firenze: Stianti, 1932 / *Affairs of a Painter*, London: Faber and Faber, 1936
Kapr, Albert, *Johann Gutenberg: The Man and His Invention*, third revised edition, 1996, translated from the German by Douglas Martin, Aldershot: Scolar Press, 1996
Knight, Stan, *Historical Scripts: From Classical Times to the Renaissance*, second edition revised and expanded, New Castle, Del.: Oak Knoll, 1998／スタン・ナイト『西洋書体の歴史』髙宮利行(訳), 慶應義塾大学出版会, 2001
———, *Historical Types: From Gutenberg to Ashendene*, New Castle, Del.: Oak Knoll, 2012／スタン・ナイト『西洋活字の歴史』髙宮利行(監修), 安形麻理(訳), 慶應義塾大学出版会, 2014
Lacroix, Paul, *Moeurs, Usages et Costumes au Moyen Age et a l'Epoque de la Renaissance*, Paris: Firmin Didot, 1871
Lehmann-Haupt, Hellmut, *Peter Schoeffer of Gernsheim and Mainz*, Rochester, N.Y.: Leo Hart, 1950
Lovett, Patricia, *The Art and History of Calligraphy*, 2017, new edition, London: British Library, 2020／パトリシア・ラヴェット『カリグラフィーのすべて』髙宮利行(監修), 安形麻理(訳), グラフィック社, 2022
Lowry, Martin, *The World of Aldus Manutius: Business and Scholarship in Renaissance Venice*, Ithaca N.Y.: Cornell University Press, 1979
Manguel, Alberto, *A History of Reading*, New York: Viking, 1996／アルベルト・マングェル『読書の歴史』原田範行(訳), 柏書房, 1999, 新装版, 2013
McLean, Ruari, *Victorian Publishers' Book-Bindings in Cloth and Leather*, London: Gordon Fraser, 1974
McLuhan, Marshall, *The Gutenberg Galaxy: The Making of Typographic Man*, Toronto: University of Toronto Press, 1962／マーシャル・マクルーハン『グーテンベルクの銀河系』森常治(訳), みすず書房, 1986
Meehan, Bernard, *The Book of Kells: An Illustrated Introduction to the Manu-*

script in Trinity College Dublin, London: Thames and Hudson, 1994／バーナード・ミーハン『ケルズの書』鶴岡真弓(訳)，岩波書店，2015
Moran, James, *Printing Presses: History and Development from the Fifteenth Century to Modern Times*, London: Faber and Faber, 1973
Müller, Lothar, *Weiße Magie: Die Epoche des Papiers*, Munich: Carl Hanser, 2012／ローター・ミュラー『メディアとしての紙の文化史』三谷武司(訳)，東洋書林，2013
Naveh, Joseph, *Early History of the Alphabet: An Introduction to West Semitic Epigraphy and Palaeography*, 1982, second revised edition, Jerusalem: Magnes Press, Hebrew University, 1987／ヨセフ・ナヴェー『初期アルファベットの歴史』津村俊夫，竹内茂夫，稲垣緋紗子(訳)，法政大学出版局，2000
Needham, Paul, *Twelve Centuries of Bookbindings, 400–1600*, New York: Pierpont Morgan Library, Oxford University Press, 1979
Olmert, Michael, *The Smithsonian Book of Books*, Washington, D.C.: Smithsonian Books, 1992
Ong, Walter J., *The Presence of the Word*, New Haven: Yale University Press, 1967
———, *Orality and Literacy: The Technologizing of the Word*, London: Methuen, 1982／W-J・オング『声の文化と文字の文化』桜井直文，林正寛，糟谷啓介(訳)，藤原書店，1991
Oswald, J. C., *A History of Printing: Its Development through Five Hundred Years*, 1928／J. C. オスワルド『西洋印刷文化史』玉城肇(訳)，弘文荘，1934；復刻，京都：臨川書店，1984
Painter, George D., *William Caxton: A Quincentenary Biography of England's First Printer*, London: Chatto & Windus, 1976
Pearson, David, *Books as History: The Importance of Books beyond Their Texts*, 2008, revised edition, London and New Castle, Del.: British Library, Oak knoll Press, 2011／デイヴィッド・ピアソン『本』原田範行(訳)，ミュージアム図書，2011
Percy, Thomas, *Reliques of Ancient English Poetry: Consisting of Old Heroic Ballads, Songs, and Other Pieces of Our Earlier Poets, Together with Some Few of Later Date*, 3 vols., London: Printed for J. Dodsley, 1765
Plumb, J. H., *The Italian Renaissance: A Concise Survey of Its History and Culture*, New York: American Heritage Publishing, 1961／J. H. プラム『イタリア・ルネサンス』石上良平(訳)，筑摩書房，1968
Pollard, Graham, 'The *Pecia* System in the Medieval Universities', in *Medieval Scribes, Manuscripts & Libraries: Essays Presented to N. R. Ker*, M. B. Parkes

and Andrew G. Watson (eds.), London: Scolar Press, 1978, pp. 145–161
Pollard, Graham, and Ehrman, Albert, *The Distribution of Books by Catalogue: From the Invention of Printing to A.D. 1800*, Cambridge: Roxburghe Club, 1965
Presser, Helmut, *Das Buch vom Buch*, Bremen: Carl Schünemann, 1962 / ヘルムート・プレッサー『書物の本』轡田収(訳), 法政大学出版局, 1973
Pugin, A. Welby, *Contrasts: Or a Parallel between the Noble Edifices of the Fourteenth and Fifteenth Centuries, and Similar Buildings of the Present Day;* London: the Author, 1836
Quaritch, Bernard, *Contributions Towards a Dictionary of English Book-Collectors: As Also of Some Foreign Collectors Whose Libraries Were Incorporated in English Collectors or Whose Books Are Chiefly Met with in England*, London: Bernard Quaritch, 1969
Ramelli, Agostino, *Le Diverse et Artificiose Machine del Capitano Agostino Ramelli*, Paris, 1588
Reynolds, L. D., and Wilson, N. G., *Scribes and Scholars: A Guide to the Transmission of Greek and Latin Literature*, third edition, Oxford, New York: Clarendon Press, Oxford University Press, 1991 / L. D. レイノルズ, N. G. ウィルソン『古典の継承者たち』西村賀子, 吉武純夫(訳), 国文社, 1996
Roaf, Michael, *Cultural Atlas of Mesopotamia and the Ancient Near East*, New York: Facts on File, 1966 / マイケル・ローフ『古代のメソポタミア』松谷敏雄(監訳), 朝倉書店, 1994, 普及版, 2008
Roberts, Colin H., and T. C. Skeat, *The Birth of the Codex*, London: printed for British Academy by Oxford University Press; and New York: Oxford University Press, 1983
Saenger, Paul, *Space between Words: The Origin of Silent Reading*, Stanford: Stanford University Press, 1997
Santini, Monica, *The Impetus of Amateur Scholarship: Discussing and Editing Medieval Romances in Late-Eighteenth and Nineteenth-Century Britain*, Bern: Peter Lang, 2010
Scott, Kathleen L., *The Caxton Master and His Patrons*, with a preface by J. A. W. Bennett, Cambridge: Cambridge Bibliographical Society, 1976
Steinberg, S. H., *Five Hundred Years of Printing*, new edition, revised by John Trevitt, London: British Library and New Castle, Del.: Oak Knoll, 1996 / S. H. スタインバーグ『西洋印刷文化史』高野彰(訳), 日本図書館協会, 1985
Steiner, George, *No Passion Spent: Essays 1978–1996*, London: Faber and Faber

and New Haven: Yale University Press, 1996 / ジョージ・スタイナー『言葉への情熱』伊藤誓(訳), 法政大学出版局, 2000

Stokes, Roy Bishop (rev.), *Esdaile's Manual of Bibliography*, sixth edition, Stephen R. Alamagno (ed.), Lanham, Md.: Scarecrow Press, 2001 / A. エズデイル(著), R. ストークス(改訂)『西洋の書物』高野彰(訳), 雄松堂書店, 1972

Streeter, Burnett Hillman, *The Chained Library: A Survey of Four Centuries in the Evolution of the English Library*, London: Macmillan, 1931

Suarez, Michael F., and Woudhuysen, H. R. (eds.), *The Oxford Companion to the Book*, 2 vols., Oxford: Oxford University Press, 2010

Sweet, Rosemary, *Antiquaries: The Discovery of the Past in Eighteenth-Century Britain*, London and New York: Hambledon and London, Palgrave Macmillan, 2004

Taubert, Sigfred, *Bibliopola: Bilder und Texte aus der Welt des Buchhandels*, 2 vols., Hamburg: Hauswedell, 1966

Thomas, Alan G., *Great Books and Book Collectors*, London: Weidenfeld & Nicolson, 1975

Thompson, Edward M., *An Introduction to Greek and Latin Palaeography*, Oxford: Clarendon Press, 1912

Ullman, B. L., *The Origin and Development of Humanistic Script*, Roma: Edzioni di Storia e letteratura, 1960

Vinaver, Eugène (ed.), *The Works of Sir Thomas Malory*, Oxford: Clarendon Press, 1947

Williams, Harold, *Book Clubs & Printing Societies of Great Britain and Ireland*, London: printed by the Curwen Press and published by the First Edition Club, 1929

Wilson, Adrian, *The Making of the Nuremberg Chronicle*, with an introduction by Peter Zahn, Amsterdam: Nico Israel, 1977 / エイドリアン・ウィルソン『ニュルンベルク年代記の誕生』河合忠信, 雪嶋宏一, 佐川美智子(訳), 雄松堂出版, 1993

Winter, I. J., 'Women in Public: The Disk of Enheduanna, The Beginning of the Office of EN-Priestess, and the Weight of Visual Evidence', in *La Femme dans le Proche Orient Antique*, J. M. Durand (ed.), Paris: Editions Recherche sur les Civilisations, 1987, pp. 189–201

Workman, Leslie J. (Guest Editor), *Poetica* (Tokyo), vols. 39, 40: Special Issues for 1993 'Medievalism and Romanticism, 1750–1850', Shubun International

Tokyo, 1994
Zeising, Heinrich, *Theatrum Machinarum*, 6 vols., Leipzig: Grosse, 1614-1622
ウェルギリウス『アエネーイス』岡道男，高橋宏幸(訳)，西洋古典叢書，京都大学学術出版会，2001
アコスタ『新大陸自然文化史 上』増田義郎(訳・注)，大航海時代叢書 III, 岩波書店，1966

Catalogue of the Works Printed for the Maitland Club, Instituted March, M.DCCC. XX.VIII, with Lists of the Members and Rules of the Club, 1836
Lists of Members and the Rules, with a Catalogue of the Books Printed for the Bannatyne Club Since Its Institution in 1823, Edinburgh: T. Constable, 1867
The Collection of Miniature Books formed by Arthur A. Houghton, Jr., London: Christie, Manson & Woods Limited, 1979
The Preacher, chromolithographed and illuminated by Owen Jones, bound by Remnant and Edmonds, London: Longman, 1849
The Vernon Manuscript: A Facsimile of Bodleian Library, Oxford, MS. Eng. Poet. A. 1, with an introduction by A. I. Doyle, Cambridge: D. S. Brewer, 1987